헤리티지
돈이 아닌 신앙을 물려주라!

(주)죠이북스는 그리스도를 대신한 사신으로
문서를 통한 지상 명령 성취와 하나님 나라 확장을 위해 노력합니다.

헤리티지: 돈이 아닌 신앙을 물려주라!
ⓒ 2025 조영민

이 책의 저작권은 저자와 (주)죠이북스에 있습니다.
신 저작권법에 의하여 한국 내에서 보호받는 저작물이므로 무단 전재와 무단 복제를
금합니다.

헤리티지

돈이 아닌 신앙을 물려주라!

조영민 지음

죠이북스

저에게 신앙의 유산을 물려주신 부모님과
이 신앙의 길을 오늘 함께 걸어가 주는 아내,
지금은 신앙의 사춘기를 보내고 있지만
언젠가 이 길 위에 함께 서게 될 사랑하는 딸과 아들에게
사랑하는 마음을 담아 감사를 전합니다.

차례

들어가며 / 09

1부 / 결단
누구도 예외 없는 그 사명, 믿음의 헤리티지

○ 1장 불량함과 신실함 사이에서 / 15

○ 2장 다시 한번 밝혀진 등불 / 31

○ 3장 나는 방해꾼인가, 이끄미인가? / 49

○ 4장 다음 세대에게 필요한 '그 자리' / 66

○ 5장 '다른 세대'를 키우고 있나요? / 85

○ 6장 꿈과 사명을 이어 가는 사람 / 103

2부 / 실천
반드시 이루어져야 할, 믿음의 헤리티지

- 7장   이어질 약속의 노래를 준비하라 / 123
- 8장   일상에서 성화의 모습을 보여 주라 / 140
- 9장   믿음의 싸움을 '함께' 치르라 / 160
- 10장 미성숙함에도 그를 포기하지 마라 / 178
- 11장 신앙의 멘토가 되어 주라 / 199
- 12장 낙엽 같은 어른이 되어라 / 222

나오며 / 238

일러두기

- 이 책은 저자가 나눔교회에서 했던 설교를 바탕으로 새로 다듬고 정리한 것입니다.
- 본문에 인용한 성경 구절은 새번역판 성경을 기본으로 하였으며, 그렇지 않을 경우, 따로 표기하였습니다.
- 각 장의 서두에 제시되어 있는 성경 본문을 먼저 읽으시기를 권합니다.

나눔 질문 활용 방법

이 책에는 각 장이 끝나는 부분에 나눔 질문이 수록되어 있습니다. 〈마음을 여는 질문〉, 〈본문 이해를 돕는 질문〉, 〈삶에 적용하는 질문〉으로 구성되어 있습니다.

모임의 인원수와 상황에 맞추어 적절하게 활용할 수 있도록 만들어진 질문입니다. 혼자 독서를 할 때에도 질문에 답해 보면서 다음 세대 신앙 전수를 위해 내 삶을 어떻게 변화시킬지를 조용히 생각하며 정리하는 데 활용하시기 바랍니다.

또한, '다음 세대 신앙 전수'라는 주제에 맞게, 부부가 같이 책을 읽고 이 질문을 토대로 대화의 장을 열어 보는 시간을 가져도 좋습니다. 사랑하는 자녀에게 신앙을 물려주기 위한 방식을 함께 고민하는 데 이 나눔 질문이 유용한 길잡이가 될 것입니다.

들어가며

　어릴 적부터 〈나의 사랑하는 책〉(새찬송가 199장)이라는 찬양을 좋아했습니다. 목사가 되고 난 후, 어느 날 찬양의 가사 하나하나를 살펴보다 문득 이런 질문이 생겼습니다. "옛날 용맹스럽던 다니엘의 경험"(?). '다니엘을 보면서 용맹을 떠올리는 게 맞나?' 지금은 가사가 수정되었지만 처음 불렀던 찬송가에는 "주의 선지 엘리야 병거 타고"라는 부분의 가사도 병거가 아니라 회오리 바람이었습니다. 이 찬송가의 작사가는 윌리엄스 목사인데, 자기가 어렸을 때 어머니가 성경을 가르치시던 모습, 성경을 읽으며 눈물 흘리던 모습을 떠올리며 이 찬송시를 적어 나갔다고 합니다. 그러나 그때 그분의 어머니는 정확한 성경 정보를 전달해 주지 못한 것 같습니다. 그럼에도 윌리엄스 목사는 어머니의 무릎에 앉아 성경 이야기 듣던 그 시간의 행복함을, 예수님이 고난당하시는 부분을 읽으며 통곡하셨던 어머니의 모습을 생생하게 기억한 것입니다. 그리고 그 어머니의 신앙이 곧 자신이 고백하는 신앙이 되었습니다.

코로나가 한참이었을 때, 교회에서 진행하던 신앙 교육이 한계에 부딪혔습니다. 여러 시도 가운데 알게 된 것은 현상의 문제가 아니라 본질의 문제였습니다. 다음 세대에게 신앙을 전수하는 일은 교회에게 중요한 일이지만 본질적으로 신앙 전수의 주체가 교회여서는 안 되는 것이었습니다. 신앙 전수의 1차 책임은 신앙을 가진 부모이기 때문입니다. 저는 전혀 새롭지 않지만 새롭게 느껴질 만큼이나 우리가 무심했던 주제를 우리 성도와 나누었습니다. 신앙을 가진 부모와 어른들에게 신앙 전수의 사명을 확인시켜 신앙 교육의 주체가 되어 줄 것을 요구했습니다. 그 과정에서 연속으로 전했던 설교들이 이 책의 주요 장이 되었습니다.

신앙은 한 세대에서 다음 세대로 이어지는 거룩한 유산입니다. 믿음의 선조들이 자신들의 삶과 고백을 통해 하나님을 증거했듯이, 오늘을 살아가는 우리 또한 다음 세대에게 신앙을 전수할 책임이 있습니다. 이는 단순한 교리나 지식의 전달을 넘어, 삶의 모든 순간에서 하나님의 은혜를 증거하는 거룩한 사명입니다.

성경에는 신앙을 전수하는 감동적인 이야기가 가득합니다. 모세가 여호수아에게, 엘리야가 엘리사에게, 다윗이 솔로몬에게, 바울이 디모데에게 신앙을 물려준 것처럼, 하나님은 언제나 한 세대에서 다음 세대로 믿음이 이어지도록 역사하셨습니다. 신앙 전수는 단순한 가르침이 아니라, 삶을 통해 본이 되고 하나님의 말씀을 증거하는 과정입니다.

저는 이 책에서 '너는 신앙을 전수하라'는 주제 아래, 성경 속에서 신앙이 계승되는 다양한 장면을 묵상하고, 오늘날 우리에게 주시는 하나님의 메시지를 전하고자 합니다. 부모가 자녀에게, 교사가 학생에게, 목회자가 성도에게, 그리고 모든 신앙 공동체가 다음 세대에게 신앙을 전수하면서 감당해야 할 사명을 되새기는 시간이 되길 바랍니다.

책에 담긴 성경 이야기들을 통해 신앙 전수의 소명을 다시금 깨닫고, 가정과 교회, 그리고 삶의 모든 자리에서 믿음을 이어 가는 도구가 되기를 소망합니다. 우리의 신앙이 다음 세대에게도 굳건히 전해져, 그들과 함께 하나님을 경외하며 이 땅에서 살아갈 수 있기를 기도합니다.

2025년 3월

조영민

1부

◇◇ 결단 ◇◇

누구도 예외 없는 그 사명, 믿음의 헤리티지

우리 자녀들이 예수님을 만나는 것은
있으면 좋고 없어도 괜찮은,
그래서
"이번 기회에 만나면 좋고 안 되면
다음 기회에 만나면 되지"라고
말할 만한 것이 아니다.
이것은 정말 좋은 일이고
반드시 이루어져야 하는 일이다.
예수님을 만난다는 것은
우리 자녀들의 인생에 가장 중대한 사건이다.

Heritage

●사무엘상 2장 12-21절

1장 불량함과 신실함 사이에서

자녀를 너무 사랑하지 말아야 할 이유

몇 해 전 코로나는 우리에게 엄청난 불편과 공포, 좌절을 안겨 주었다. 3년여간 계속되던 감염병의 시기를 보내며 코로나가 안겨 준 단순한 현상을 넘어 신앙과 교회의 전통에 대한 의문이 생겼다. 그동안 해왔던 것들이기 때문에 같은 방식을 고수하며 하려는 것들이 과연 정말 필요한지에 대한 질문이었다. 그리고 교회라는 조직과 프로그램이 느슨해지는 상황에서 개인의 신앙과 가족을 돌볼 수 있는 장성한 그리스도인으로 성도를 세우지 않으면 안 되겠다고 생각했다. 또다시 언제 어떻게 코로나 시기와 같은 위기가 닥칠지 모르기 때문이다. 그 과정에서 자녀의 신앙을 형성하는 가장 중요한 요소인 부모의 신앙이 어떻게 자녀와 다음 세대에게 전수되는지를 고민하게 되었다.

신앙을 가진 부모이며 어른인 우리는, 우리의 신앙을 자녀와 다음 세대에게 전수해야 한다. 그 첫 번째로 사무엘상에 등장하는 이야기부터 살펴보자. 이스라엘이 가장 영적으로 어두웠던 시기에 정반대인 두 부류의 자녀가 등장한다. 그리고 이들에게는 전혀 다른 부모가 있었다. 이 정반대인 두 부류의 자녀들은 전혀 다른 두 부모의 삶이 맺은 열매이다. 과연 그 부모가 어떠했길래 이 자녀들이 이러한 것일까?

사사 시대, 최고의 불량자가 등장하다

사사 시대 말, 제사장이었던 엘리에게 두 아들이 있었다. 그들의 이름은 홉니와 비느하스였고, 이들은 늙은 아버지, 제사장 엘리를 이어 실로에서 제사장으로 섬기고 있었다. 그런데 그들은 그야말로 불량자들이었다.

> 엘리의 아들들은 행실이 나빴다. 그들은 주님을 무시하였다
> (삼상 2:12).

제사장이 된 그들의 행실이 몹시 나빴다. 그 나쁜 행실의 사례는 사무엘상 2장 13-16절에 기록되어 있다. 이들은 하나님에게 드려져야 할 것들을 중간에서 탈취했다.

당시의 제사는 하나님에게 제물을 드리되, 번제로 태워서 드리는 부분과 그렇지 않은 부분으로 나뉘었다. 그리고 그 태우지 않는 부분 중 일부는 제사장과 그 가정이 먹게 되어 있었다. 그런데 이들이 사환을 시켜서 그 고기를 정당한 방식으로 나누는 것이 아니라 그 가운데 큰 것을 먼저 챙겨 갔다. 심지어 하나님에게 번제로 드린 후 남은 것을 먹어야 함에도 번제를 드리기도 전에 좋은 부위를 먼저 챙겨 가기도 했다. 사환이 이런 말을 했다.

> 제사장님께 구워 드릴 살코기를 내놓으시오. 그분이 원하는 것은 삶은 고기가 아니라 날고기요(삼상 2:15)!

엘리의 두 아들은 삶은 고기를 싫어했다. 그래서 하나님에게 드려지기도 전에 제물의 구워 먹기 좋은 부위를 요청한 것이다. 사람들이 제사를 그렇게 드리면 안 된다고 항의했지만 소용없었다. 그때 사환이 이렇게 대답한다.

> 당장 내놓으시오. 그렇지 않으면 강제로라도 가져가겠소
> (삼상 2:16)!

이 말을 그 지역 불량배나 탐관오리가 했다면 어느 정도 수긍할 수 있다. 그런데 이 말이 제사장의 사환들의 입에서 나왔다. 하나님에게 드리는 제사와 예배를 준비하고 섬기는 이들의 입에서 나왔다. 성경은 이 엘리의 아들들에 관하여 이렇게 요약하고 있다.

> 엘리의 아들들은, 주님께서 보시는 앞에서 이렇듯 심하게 큰 죄를 저질렀다. 그들은 주님께 바치는 제물을 이처럼 함부로 대하였다(삼상 2:17).

그들은 여호와 하나님을 알았다. 나름 제사장 집안이었기 때문에, 또 사람들에게 제사를 지도해야 했기 때문에 하나님에 대한 지식이 있었을 것이다. 그런데 성경은 이들이 하나님을 알지 못한다고 평가한다. 또 이들은 제사장의 직분을 감당하고 있었는데, 성경은 이들이 여호와 앞에 심히 큰 죄를 지었다고 평가하고 있다.

홉니와 비느하스는 소명을 가지고 제사장이 된 것이 아니

다. 그저 혈통과 그 아버지의 안내를 따라 종교적 직업으로 그 자리에 오른 것이다. 엘리는 능력 있는 아버지였다. 낙하산으로 두 아들에게 평생 안정적으로 수입을 얻을 수 있는 직장을 만들어 주었기 때문이다. 그러나 엘리가 신실한 아버지는 아니었다. 두 아들에게 하나님을 알려 주지 않았기 때문이다.

그 결과, 두 아들은 제사장이 되어 그 제사장의 권한을 가지고 하나님을 우습게 만들었고, 하나님에게 드리는 제사도 우스운 것으로 만들었다. 그들은 자신들이 '하나님을 믿지 않는다'는 것을 행동으로 증명하였다.

비극은 끝나지 않았다

우리는 이 제사장 집안에 일어난 비극을 조금 더 살펴볼 필요가 있다. 성경을 보면 엘리 자체는 그렇게 나쁜 제사장이 아닌 것 같다. 약간 무감각하긴 하지만 사무엘의 탄생을 예언해 준 사람이 엘리다. 한나가 기도할 때, 한나에게 하나님의 마음을 전하기도 했다. 또 사무엘이 하나님의 음성을 듣고 순종할 수 있도록 가르쳐 준 사람도 엘리다. 대단한 제사장은 아니었지만 그렇다고 나쁜 제사장도 아니었다. 그런데 그는 철저하게 자녀를 신앙으로 키우는 데에는 실패했다. 그리고 그 실패로 말미암아 철저하게 망하는 자리에까지 가게 되었다.

이번 장에서 다루는 본문에는 나오지 않지만 뒷부분(22절 이후)을 읽어 보면, 엘리의 두 아들이 행한 충격적인 사건 하나가 더 기록되어 있다. 회막 문에서 수종 드는 여인들과 동침한 사건이다.

> 엘리는 매우 늙었다. 그는 자기 아들들이 모든 이스라엘 사람에게 저지른 온갖 잘못을 상세하게 들었고, 회막 어귀에서 일하는 여인들과 동침까지 한다는 소문을 들었다(삼상 2:22).

회막 문에서 수종을 드는 여인은, 하나님에게 제물을 올려 드리는 제사와 관련하여 다양한 일을 하는 데 자신을 헌신한 자들이다. 제사에 필요한 다양한 일, 다시 말해 예배에 필요한 여러 일을 하는 데 여성들의 도움이 필요했다. 그런 일을 하는 여인들과 엘리의 두 아들이 성관계를 한 것이다. 여기에 중요한 표현이 있다. '여인'이 아니고 '여인들'이다. 사랑으로 이루어진 정상적인 결혼을 말하는 것이 아니다.

엘리의 두 아들은 그 회막 안에서 가장 힘이 있는 권력자였고, 그 회막 안에서 봉사하는 신실한 여인들을 유린했다. 심지어 그 피해자는 한 명이 아니라 여럿이었다. 이 일을 아버지 엘리가 전해 들었다. 이후 말씀을 읽어 보면, 아버지 엘리는 아들들을 불러 그들에게 "너희의 악행을 그치라"고 말한다. 그러나 그들은 자기 아버지의 말을 듣지 않는다.

아버지 엘리는 이럴 때 어떻게 해야 했을까? 신정 국가였던 그 당시에 엘리는 제사장이면서 정치 지도자인 사사이기도 했다. 정상적이라면, 그는 두 아들의 제사장 직분을 박탈해야 했다. 그렇게 함으로 백성에게 본이 되지 않는 이 두 아들을 엄벌해야 했다. 그런데 그렇게 하지 않았다. 몇 마디 말로 타일렀지만 듣지 않으니, 그냥 포기해 버렸다.

자식을 사랑한 것도 죄인가?

이후 하나님은 엘리에게 선지자를 보내 그 집의 멸망과 관련된 예언을 하신다.

> 너희는 어찌하여, 나의 처소에서 나에게 바치라고 명한 나의 제물과 예물을 멸시하느냐? 어찌하여 너는 나보다 네 자식들을 더 소중하게 여기어, 나의 백성 이스라엘이 나에게

바친 모든 제물 가운데서 가장 좋은 것들만 골라다가, 스스로 살찌도록 하느냐(삼상 2:29)?

이것이 아버지 엘리의 죄이다. 두 아들을 하나님보다 사랑했다. 자식들을 너무나도 소중히 여겼다. 악한 아들이고 악한 행실이 소문난 아들이었다. 엘리의 두 아들 때문에 제사가 망가졌다. 사람들은 여호와 하나님의 공의를 보여 주어야 할 제사장들이 저렇게 살고 있음에도 징계하시지 않는 하나님을 보며, 하나님의 존재와 공의를 의심하게 되었다. 엘리는 이 모든 것을 알고 있었는데도 아무런 조치를 하지 않았다. 이유는 한 가지, 하나님보다 두 아들을 더 중히 여겼기 때문이다(삼상 2:29).

부모인 우리는 엘리의 선택과 두 아들의 모습, 그리고 이 이야기의 결국에 나오는 하나님의 심판의 모습을 다 보아야 한다. 그리고 자신의 삶에 적용해야 한다. 물론 자식은 부모에게 그 존재 자체만으로도 몹시 귀한 존재다. 나에게도 두 자식이 있는데 정말 소중하다. 물론 부모인 나를 속상하게 할 때도 있지만, 딸과 아들을 보고 있으면 참으로 신기하고 놀랍다. 교회에서 아기들의 탄생 소식을 듣고 아기들의 사진과 영상을 볼 때마다 내 아이들이 태어나던 때가 생각난다. 수건 하나에 폭

감싸이던 아기가 커서, 이제 나와 같은 눈높이에서 대화를 하고 있다니! "당신의 아들과 딸이 살기 위해서는 당신의 생명이 필요합니다"라는 말을 듣는다면, 나는 아주 기꺼이, 분명하게 "네, 알겠습니다"라고 대답할 수 있다. 그만큼 내 아이들은 나에게 매우 소중한 존재다. 그래서일까? 많은 경우, 부모에게 자녀는 하나님보다 사랑하는 우상이 된다.

"나에게는 자녀가 없으니 나와 관련이 없다"고 말하는 이에게도 질문하고 싶다. 자녀가 없으면 우상이 없을까? 절대 그렇지 않다. 우리는 모두 우상을 만들 수 있다. 때로는 강아지나 고양이가 자녀를 대신하는 우상일 수 있다. 그 외에 어떤 것이든 상관없다. 하나님보다 사랑하는 것, 하나님보다 소중한 것, 하나님의 이름과 영광을 가리는데도 내가 몹시 사랑하기 때문에 어쩔 수 없는 모든 것이 바로 여기 두 아들, 홉니와 비느하스란 말이다.

엘리가 하나님보다 두 아들을 더 사랑한 결과는 무엇일까? 이미 우리는 이 이야기의 결론을 알고 있다. 하나님이 엘리와 그 아들 홉니와 비느하스, 그리고 비느하스의 아내까지 한날 죽이시는 것으로 끝난다.

하나님보다 사랑하는 것이 있다면, 그리고 그 사랑하는 것이 지금 내 삶의 대부분을 움직이고 있다면, 우리는 머리 위에 심판을 쌓고 있는 것일지도 모른다. 하나님은 우리의 회개를 기다리시며 길게 참고 계신다. 속히 내가 하나님보다 사랑하는 것, 그 우상으로부터 벗어나야 한다.

하나님을 앞서는 모든 것을 내려놓고, 내 삶의 우선순위를 바꿔야 한다.

마침내 선한 아이가 나타나다

그런데 이 악한 엘리의 두 아들 이야기 사이에 어린 사무엘 이야기가 끼어 있다.

> 한편, 어린 사무엘은, 모시 에봇을 입고 주님을 섬겼다(삼상 2:18).

사무엘은 나이가 아주 어렸다. 그런데 그렇게 어린 사무엘이 제사장이 입는 모시 에봇을 입고 여호와 앞에서 섬기고 있다. 우리는 이 사무엘에 관한 소개가 나오는 구절 바로 앞에 어떤 말이 있는지 기억해야 한다.

이 소년들의 죄가 여호와 앞에 심히 큼은 그들이 여호와의 제사를 멸시함이었더라(삼상 2:17, 개역개정).

사무엘상의 저자는 하나님을 섬기는 소년 사무엘을, 일부러 불량스러운 엘리의 두 아들과 함께 보여 주면서 대조하고 있다. 이렇게 나쁜 놈들이 있을 그때에 이렇게 선한 아이가 나타났다는 의미다. 저자는 17절에서 홉니와 비느하스를 '이 소년들'이라고 쓰면서 사무엘과의 차이를 더 극명하게 드러내고 있다. 히브리어로 '소년'을 의미하는 단어는 '나아르'이다. 이 '나아르'는 18절에서 '어린' 사무엘을 말할 때 다시 한번 사용된다. 전혀 다른 두 종류의 '나아르'가 17절과 18절에 나오는 것이다. 그런데 놀랍게도 홉니와 비느하스는 사실 '나아르'가 아니다. 제사장 직무를 수행하기 위해서는 반드시 서른 살이 넘어야 했다(민 4:3 참조). 성경은 이미 서른이 넘은 엘리의 두 아들에게 '어리다'라는 표현을 쓰면서 어린 사무엘과 비교한 것이다.

사무엘은 엘리의 두 아들과 대조적이었다. 그는 신실하게 하나님을 섬겼다. 사무엘은 아직 어렸고 부모를 떠나 있었다. 엘리의 두 아들과 비교할 수 없이 약한 자였다. 그런데 이 아이는 그 모든 상황을 뚫고 하나님 앞에서 하나님을 예배하는 자로 자라 가고 있었다.

우리는 사무엘이 원래 아주 특별한 사람이라고 생각할 수 있다. 하지만 그렇지 않다. 유년기를 보내고 있는 사무엘이 특별한 사람이 된 것은 그가 받은 양육의 결과이다. 유년기에 누구에게 영향을 받았을까? 자기 자식도 잘 키워 내지 못한 엘리의 영향일까? 그렇지 않다. 바로 그의 부모의 영향이다. 어린 사무엘 뒤에는 믿음의 어머니 한나가 있었다.

불임이었던 한나는 사무엘을 기도로 얻었다. 그녀는 아들을 얻게 되면 그 아들을 하나님에게 드리겠다는 서원을 했다. 그리고 나서 아들이 태어나자 실제로 그 아들을 하나님에게 드렸다.

아이를 위해 한나가 할 수 있었던 것은, 매년 제사를 드리러 실로에 올라갈 때 사무엘의 키에 맞는 작은 겉옷을 지어서 주는 것뿐이었다. 그런데 사무엘은 이 유년기를 지나며 하나님을 섬기고, 그 하나님의 뜻대로 새로운 왕정 시대를 여는 자로 준비되고 있었다.

우리는 이 이야기가 남의 이야기라고 쉽게 생각하는 경향이 있다. 불임이었던 한나가 서원을 할 때야 원래 자신에게 없는 것이니 드리겠다고 어렵지 않게 말했을 것이라 여긴다. 그런데 실제로 아기가 생겼고 그 아기가 태어났다. 그 아기가 내

젖을 물고 자라났다. 그리고 이제 여섯 살쯤 되어 함께 대화할 수 있게 되었다. 이런저런 이야기를 하며 행복한 시간을 보내고 있는데 약속한 기한이 가까이 왔다. 이 아들을 일 년에 한 번밖에 갈 수 없는 실로의 제사장 집에 맡기는 것이 과연 쉬웠을까? 한나에게 사무엘은 생명보다 귀한 아들이다. 한나 인생의 성패는 이 사무엘에게 달려 있었다. 그런데 하나님에게 드린 그 서원 때문에 일 년에 한 번밖에 만날 수 없는 실로의 늙은 제사장에게 아들을 맡긴 것이다. 상상만 해도 힘든 일이다.

그런데 한나는 그 일을 해냈다. 그녀는 기도하는 여인이었다. 그녀는 찬양하는 여인이었다. 그녀는 하나님에게 드린 서원에 신실했다. 그리고 곧 떠나게 될 아들을 위해 그 아이와 함께하는 모든 시간 동안 그녀가 알고 경험한 하나님을 들려주었다. 그렇게 아이는 그 어머니 품에서 여호와 하나님을 아는 자가 되었다.

한나는 사무엘을 무척 사랑했다. 그러나 그녀에게는 사무엘보다 사랑하는 존재가 있었다. 자신의 통곡을 들어 주신 하나님, 자신에게 가장 소중한 것을 안겨 주신 하나님, 자신을 보고 계시고 알고 계시며 사랑하시며 가장 좋은 것을 준비하시는 그 하나님. 그녀는 하나님을 아들 사무엘보다 더 사랑했다. 어린 사무엘은 자신을 꼭 안으며 작별 인사를 하는 어머니 한나를 통해 확인했다. '엄마는 나를 사랑한다. 그러나 나보다 하나님을 더 사랑한다. 하나님은 그런 사랑을 받기에 합당하신 분이다!'

사무엘은 엄마의 말과 행동에서 하나님을 알게 되었다. 그리고 그는 새 시대를 여는 하나님의 구원의 통로가 되었다. 부모의 신앙이 말이 아닌 삶으로 자녀에게 전해진 것이다. 자녀는 말이 아닌 부모의 삶으로 신앙을 배우고 경험한다. 사무엘의 신앙은 한나에게 물려받은 것이다.

우리가 기억해야 할 진리는 바로 이것이다. 하나님보다 내가 더 사랑하는 것은 다 우상이다. 그것이 심지어 사랑하는 자식이라 할지라도 말이다. 그 어떤 것도 하나님의 자리에 두지 말라. 하나님은 질투의 하나님이시기 때문이다. 하나님은 배우자의 부정에 눈을 감아 버리시는 분이 아니기 때문이다. 하나님이 지금 가만히 계신 것 같다면, 하나님이 분노를 쌓아 두고 계심을 잊지 말라. 하나님이 이 이야기를 통해 우리에게 주시는 메시지를 듣고 기억해야 한다. "나 여호와보다 네가 사랑하는 모든 것은 우상이고, 너희가 그 우상을 끝까지 붙들고 있다면, 나는 그 우상과 너희를 함께 치겠다."

자식을 키우는 부모이며, 다음 세대에게 본을 보여야 할 어른인 우리는 '하나님보다 사랑하는 그 무엇'을 하나하나 내려놓아야 한다. 그것이 자식이라 할지라도 말이다. 말로만이 아니라 행함으로 그것을 증명해야 한다. 배우자와 자식들이 보기에 나의 삶이 하나님만 섬기는 삶으로 나날이 변화되어 가는 것을 증명할 수 있기를 소망한다.

나눔 질문

1. 마음을 여는 질문
나는 요즘 무엇을 가장 사랑하고 있는가? 혹시 하나님보다 소중하게 여기는 것이 있다면 무엇일까?

2. 본문 이해를 돕는 질문
1) 엘리의 아들 홉니와 비느하스는 왜 '불량자'로 불렸는가? 그들은 하나님과 제사를 어떻게 대했으며, 그것이 이스라엘 공동체에 어떤 영향을 끼쳤는가? (삼상 2:15-17)

2) 엘리는 아들들의 죄를 알고도 왜 단호한 조치를 취하지 않았을까? 그의 태도는 결국 어떤 결과를 가져왔는가? (삼상 2:22-25)

3) 한나는 아들을 사랑했지만, 하나님을 더 사랑했음을 어떻게 보여 주었는가? 그녀의 신앙이 자녀에게 어떤 영향을 끼쳤는가? (삼상 2:18, 19)

4) 본문에서 엘리의 아들들과 사무엘은 대조적으로 등장한다. 하나님은 왜 사무엘을 세우셨을까? (삼상 2:26)

3. 삶에 적용하는 질문
나는 혹시 엘리처럼 무언가를 하나님보다 사랑하는가? 자녀, 일, 물질, 성공 등 나의 삶에서 하나님보다 더 소중하게 여기는 것이 있다면, 그것을 어떻게 내려놓고 하나님을 우선순위에 둘 수 있을까?

● 사무엘상 3장 1-12절

2장 다시 한번 밝혀진 등불

주님이 '꼬맹이'를 찾아오신 이유

　자녀는 부모의 신앙이 어떠한지 말로 이해하지 않는다. 자녀는 부모의 신앙이 겉으로 표현되고 드러나는 모습을 보고 판단한다.

　앞 장에서 다루었던 엘리와 두 아들의 이야기를 보면, 엘리는 말로 아들들을 책망했을 뿐, 여전히 죄 가운데 있는 아들들에게 아무런 조치도 하지 않았다. 그들을 몹시 사랑했기 때문이다.

　한나는 불임으로 고통 받다 어렵게 사무엘을 얻었지만, 아무리 귀한 아들일지라도 하나님과의 서원을 지키기 위해 사무엘을 하나님의 전으로 보낸다. 사무엘은 어머니 한나가 자신을 품고 불렀던 수많은 찬양과 쉼 없는 기도, 그리고 자신에게 들려주는 말씀을 들었다. 그 어머니가 자신을 성소에 두고 떠났다. 사무엘이 판단하기에 어머니가 그렇게 한 이유는 '어머니는 나보다 하나님을 더 사랑하는 사람이기 때문'이었다. 우리가 누구를 더 사랑하는지는 우리의 선택과 행동으로 증명된다. 나와 가장 가까운 곳에 있는 그 가족의 눈에 비친 나의 모습이 어떠할지 한 번쯤 생각해 볼 필요가 있다.

리더의 영적 눈이 멀다

이번 장에서 다룰 성경 본문은 '사무엘'이 어떻게 하나님의 선지자가 되는지에 관한 이야기다. 그 내용을 간략하게 정리하면 이렇다.

한밤중에 하나님이 성전에서 자고 있던 어린 사무엘에게 찾아오셔서 사무엘을 부르셨다. 그런데 사무엘은 하나님이 찾아와 말씀하시는 것을 한 번도 경험한 적이 없기 때문에 조금 떨어진 처소에서 자고 있던 엘리 제사장에게 뛰어가서 "부르셨습니까? 제가 여기 왔습니다"(삼상 3:5)라고 말한다. 엘리는 부른 적이 없다며 사무엘에게 도로 가서 누우라고 말한다. 이러기를 세 번 반복한다. 그리고 세 번째가 되었을 때, 엘리는 그제서야 뭔가 특별한 일이 일어나고 있음을 예감하게 된다. 그래서 사무엘에게 또다시 부르는 소리가 들리면 자신에게 오지 말고 그 자리에서 일어나 "주님, 말씀하십시오. 주님의 종이 듣고 있습니다"(삼상 3:9)라고 대답하라고 가르쳐 준다.

네 번째로 하나님이 사무엘을 부르셨을 때, 사무엘은 엘리가 가르쳐 준 대로 했고, 하나님은 사무엘에게 엘리 집안에 일어날 심판에 관하여 말씀하신다. 이 사건 이후 사무엘은 하나님의 말씀을 담당하는 선지자로 차근차근 자리를 잡아 간다.

이 이야기는 우리에게 익숙하다. 지금부터 이 이야기가 오늘을 사는, 신앙을 가진 부모와 어른들에게 어떤 의미가 있는지 살펴보려고 한다. 우선 이 이야기의 배경은 이렇다.

> 어린 사무엘이 엘리 곁에서 주님을 섬기고 있을 때이다. 그때에는 주님께서 말씀을 해 주시는 일이 드물었고, 환상도 자주 나타나지 않았다. 어느 날 밤, 엘리가 잠자리에 누워 있을 때였다. 그는 이미 눈이 어두워져서 잘 볼 수가 없었다. 사무엘은 하나님의 궤가 있는 주님의 성전에서 잠자리에 누워 있었다. 이른 새벽, 하나님의 등불이 아직 환하게 밝혀져 있을 때에(삼상 3:1-3).

이 시대의 특징은 무엇인가? 주님이 말씀해 주시는 일이 드물었고, 환상도 자주 나타나지 않았다. 여기에 나와 있는 '드물다'는 장사할 때 사용하는 표현, '야카르'인데 '비싸다'는 뜻이다. 또 여기에 있는 '자주 나타나지 않다'라고 번역된 표현도 '(무언가에 막혀) 쉽게 접근할 수 없다'는 뜻이다. 이 시기는 하나님의 말씀과 그 말씀의 역사를 보기 어려운 시대였다. 그런데 사무엘서를 기록하고 있는 저자는 이 말씀과 역사가 왜 보기 어려운지를 이 히브리어 동사를 통해 보여 주고 있다. 바로 당시 종교 지도자들 때문이었다. 하나님의 말씀이 비싼 물건이 되었다. 말씀을 돈벌이 수단으로 삼는 사람들이 생겨난 것이다.

하나님의 말씀을 맡은 자들, 당시의 제사장과 레위인들, 사사들이 말씀의 전달자 역할을 하는 것이 아니라 말씀의 방해꾼이 되었다. 2절을 보면, 당시 가장 중요한 종교 지도자였던 엘리 제사장의 시력과 행동이 설명되어 있다. 엘리의 눈은 점점 어두워지고, 지금 그는 자기 처소에 누워 있다. 영적으로 눈이 먼 상태, 영적인 잠에 빠져 있는 상태를 의미한다. 이것이 이스라엘 리더의 상태였고, 그런 리더 아래서 이스라엘 공동체도 잠들어 있었다.

우리는 성경을 읽을 때 성경 속 상황을 우리 상황에 대입해 봐야 한다. 하나님의 백성 가운데 말씀이 없고 말씀의 역사가 나타나지 않았다. 여기에는 여러 이유가 있을 수 있다. 백성이 귀가 막혔을 수도 있고, 백성이 몹시 바빠서 하나님에게 관심이 없었을 수도 있다. 백성이 도무지 들을 준비가 되어 있지 않아서 이 모양이 된 것일 수도 있다. 그런데 하나님은 백성에 대하여 말하기 전에, 그 백성에게 말씀을 가르치고 들려주라고 세운 영적인 리더들의 문제를 말씀하신다.

성도가 말씀을 모르고 말씀이 살아 역사하는 것을 경험하지 못한다면, 가장 먼저 무엇을 점검해야 할까? 종교 지도자들이 말씀을 바르게 가르치고 있는지, 잘 들려주고 있는지, 삶의 본을 보여 주고 있는지 따져 물어야 한다. 지금도 영적으로 어두운 시대이다. 말씀과 돈이 연결되어 있기 때문이다. 말씀을 바르게 전하고 가르쳐야 할 영적 권위자들이 말씀을 바르게 전달하는 통로 역할을 하지 못하고 오히려 방해하는 장애물이 된 경우가 매우 많다. 목사 때문에 교회에 가기도 하지만, 목사 때문에 교회에 못 가겠다는 사람도 많다.

가정의 경우를 보아도 그렇다. 신앙을 가진 부모인 내가, 정말 말씀대로 사느냐는 것이다. 신앙을 전수해야 할 부모인 내가 자녀들에게 말씀의 통로가 되고 있는지, 아니면 장애물이 되고 있는지를 물어야 한다. 가정마다 하나님이 말씀의 통로가 되라고 세우신 제사장이 있다. 나이가 많든 젊든, 남자든

여자든 그가 할 일은 하나님의 말씀을 어린 자녀들에게 들려주고 보여 주는 것이다. 부모와 어른인 우리가 그 일을 할 때, 우리를 통해 전해지는 말씀이 다음 세대 아이들 안에서 역사할 수 있다.

타락한 환경에서 자라다

이렇듯 어려운 시기에 사무엘은 선지자로 자란다. 이 사사 시대의 정신은 '각자 소견에 옳은 대로 행하는 것'이었다. 왕이신 하나님을 왕으로 모시고 살아야 하는데, 그들은 하나님을 왕좌에서 밀어내 버렸다. 그리고 그 왕좌에 자신이 앉아 자기 마음대로 자신의 삶을 사용했다. 하나님의 말씀도 끊어졌고, 하나님 말씀의 역사도, 신비도 희미해져 버렸다. 영적으로 가장 깨어 있어야 할 제사장의 영적인 눈은 멀었고, 눈먼 제사장은 자기 침상에서 자빠져 자고 있었다. 이것이 사무엘이 자란 환경이었다.

사무엘은 신실한 부모에게서 태어났다. 어머니는 끊임없이 하나님을 이야기했고, 그 하나님을 믿는 삶이 어떤 것인지를 들려주었다. 여섯 살쯤이 되었을 때, 그는 그 신앙을 가진 어머니에게서 떠나 당시 종교 중심지인 실로에 왔다. 어머니가 그토록 이야기하던 여호와 하나님의 성막에서 봉사하는 아이가 되었다.

사무엘의 눈에 비친 실로는 너무나 실망스러웠다. 어머니가 말씀하시던 그런 곳이 아니었다. 여호와의 법궤도 있고 성막도 있었다. 그러나 하나님의 임재가 가득해야 할 곳에 하나님의 임재로 변화된 사람들이 없었다. 엘리는 친절하고 마음씨 좋은 할아버지였다. 뭘 가르쳐 달라고 하면 친절하게 가르쳐 주었다. 사무엘을 바라보는 시선이 늘 따뜻했다. 그런데 그 외에는 아무것도 없었다. 사무엘이 엄마 품에서 배웠던 하나님에 관해서는 알려 주지 않았다. 그저 좋은 할아버지일 뿐이었다. 실로 성막의 실무를 담당하는 홉니와 비느하스 제사장은 더더욱 이상했다. 어린 사무엘이 보기에도 이 제사장들은 문제가 많았다. 악하다는 표현이 정확했다. 성소에서 상상할 수 없는 죄를 지었다.

사무엘은 과연 이런 환경 속에서 바른 신앙을 키워 갈 수 있을까? 여섯 살 정도까지 신실한 부모 아래서 자라기는 했지만 그 이후 대부분의 시간을 살아야 했던 실로의 성소가 이 정도로 타락했다면, 과연 이 속에서 자라는 사무엘이 신실한 하나님의 종이 될 수 있을까? 환경이 모든 것을 결정한다고 말하는 이 시대는 이토록 열악한 환경 속에 있던 사무엘이 어떻게 이스라엘의 구원자가 될 수 있었는지를 물을 것이다.

네 번이나 똑같이 찾아오시다

다시 3절과 4절을 보자.

> 사무엘은 하나님의 궤가 있는 주님의 성전에서 잠자리에 누워 있었다. 이른 새벽, 하나님의 등불이 아직 환하게 밝혀져 있을 때에, 주님께서 "사무엘아, 사무엘아!" 하고 부르셨다. 그는 "제가 여기 있습니다" 하고 대답하고서,

절망스러운 시대에 관한 묘사가 앞에 나와 있었다. 말씀도 없고 이상도 없는 시대, 제사장이 장애물이 되어 있고, 제사장의 영적인 눈은 어두워졌고, 제사장은 자기 침상에 누워 있던 때였다. 하나님의 백성에게는 절망의 때였다. 그런데 3절에서 반전이 일어난다. "하나님의 등불이 아직 환하게 밝혀져 있을 때에."

다 끝난 것 같았는데 아직 끝나지 않았다. 하나님이 아직

등불을 끄지 않으셨다. 아직 소망이 있다는 말이다. 인간들에게서 어떤 소망이 보인다는 것이 아니라 하나님이 아직 인간을 향한 구원 계획을 포기하지 않으셨다는 것이다. 그리고 그때 사무엘은 하나님의 궤가 있는 주님의 성전에 누워 있었다.

엘리도 누워 있고, 사무엘도 누워 있었다. 그런데 둘이 누워 있는 장소가 달랐다. 엘리는 자기 처소에, 사무엘은 '하나님의 궤가 있는 주님의 성전' 안에 누워 있었다. 이 표현을 이해하기 위해서는 고대 근동의 신전에 관한 배경 지식이 필요하다. 고대 신전에서는 제사장들이 당번을 정해서 자신들의 신전에 있는 신상 앞에서 잠을 잤다. 자신의 신이 신탁이라는 방식으로 메시지를 전할 때 그것을 받아야 하기 때문이다. 사무엘이 그 신탁을 받기 위해 성소에서 잠을 자는 아이였던 것이다.

성전은 잠자기 편한 곳이 아니었다. 이스라엘에게는 신탁이 임할 것이라는 기대가 없었다. 지난 수년 동안 말씀이 임하지 않았고, 하나님은 이상을 보여 주시지도 않았다. 이런 상황에서 성소를 지키며 하나님의 말씀을 기다리는 자리에 있는 것은 아무도 알아주지 않는 일이었다. 이후에 나오는 엘리와의 대화를 생각해 보면, 제사장 엘리조차도 말씀을 받는 당번으로 세운 사무엘에게 하나님의 말씀이 임할 것이라는 기대가 전혀 없었음을 알게 된다. 하나님이 사무엘에게 말씀하셨을 때, 사무엘은 그 말씀을 하나님의 말씀이라고 생각하지 못했다. 사무엘에게 거기서 자라고 했던 이들이 왜 거기에서 자야 하는지, 거기서 잘 때 어떤 일이 일어날 수 있는지 가르쳐 주지 않았기 때문이다. 세 차례나 하나님이 말씀하셨음에도 하나님에게 전혀 반응하지 못했던 사무엘이 그 증거다.

대부분의 사람은 사무엘이 뭔가 대단한 아이일 것이라고 생각한다. 그래서 이 말씀을 읽을 때 평범하지 않은 그 어떤 모습을 '찾아내려고 하고' 또 '그 모습을 따라야 한다'고 말하고 싶어 한다. 그렇게 해서 찾아낸 것이 '순종'이다. 하나님이 깨우실 때마다 일어나서 엘리에게 뛰어가지 않았는가? 세 번이나 자신을 부르는 소리를 듣고 일어나 달려가서 엘리에게 묻는 이 모습을 보면, 사무엘이 얼마나 순종적인 아이였는지 알 수 있다는 것이다. 결국 '우리도 우리 자녀를 순종적인 아이로 키워야 한다', 뭐 이런 결론에 이른다.

그런데 고대 사회에서 성소에서 살던 아이에게 이 일은 너무도 당연한 일이었다. 제사장이 한밤중에 부르면 당연히 뛰어가야 했다. 세 번이 너무 많다고 생각할 수도 있지만 당시는 열 번이라도 뛰어나가야 하는 시대였다. 이 사건에서 성경이 드러내기 원하는 것은 어린 사무엘의 순종이 전혀 아니다.

사무엘이 뭔가를 하는 것이 아니다. 하나님이 뭔가를 하고 계시는 것이다. 깨워서 말을 거시려고 해도 도무지 듣지 않고 뛰어가 버리는 사무엘이다. 두 번도 많이 하신 것인데, 하나님이 네 번이나 똑같이 어린 사무엘에게 찾아오셨다. 아마 사무엘이 네 번째도 못 알아먹었을지라도 하나님은 열 번도 넘게 사무엘을 부르셨을 것이다. 이것이 바로 '하나님의 열심'이다. 하나님이 사무엘에게 하나님의 말씀을 맡기시고 싶었고, 그 일을 지금 행하고 계시는 것이다.

천하를 만드신 하나님이 이 꼬맹이한테 네 번이나 찾아오셨다. 하나님은 이스라엘을 살리시기 원하셨다. 하나님은 순전한 하나님의 말씀의 통로를 원하셨다. 하나님은 당신의 말을 가감 없이 전할 선지자를 원하셨다. 그래서 어린 사무엘에게 반복해서 찾아오셔서 결국엔 그가 하나님의 뜻을 듣게 하시고, 하나님의 이상을 보게 하시고, '네가 바로 이 어둠의 시대를 위한 진리의 등불이 되어야 한다'는 사명을 주셨다.

사무엘이 대단한 것이 아니라 이 꼬맹이에게 찾아오시는 하나님이 대단하신 것이다. 사무엘이 훌륭한 것이 아니라 이 사무엘에게 반복해서 찾아오신 하나님이 훌륭하신 것이다. 이 '하나님의 열심'으로 이스라엘을 위한 등불에 불이 다시 타오른다.

하나님 앞에 엎드리지 않다

마지막으로 살펴봐야 할 것이 사무엘과 정확하게 반대편에 있는 엘리 제사장이다. 그는 눈이 잘 보이지 않았다. 그냥 '시력이 약해졌다'는 의미일 수도 있으나 '영적인 시력이 어두워졌다'는 의미로 읽을 수도 있다. 하나님 나라 백성 가운데 말씀이 없어지고 환상을 통한 계시가 사라졌다면 선지자는 충격을 받아야 한다. 우리가 하나님 나라 백성인데, 내가 이 백성의 제사장인데, 지금 우리 교회와 성도의 삶 가운데 말씀이 사라지고 계시가 사라졌다면 어떻게 해야 할까? 당연히 긴장하며, 회복을 구해야 한다.

그런데 엘리 제사장은 자기 침소에서 발 뻗고 자고 있었다. 비상 상황인데 자기는 편하게 누워 자고 있었던 것이다. 엘리는 여호와의 법궤가 있는 성소에 들어가서 법궤 앞에서 "하나님, 제발 말씀하여 주소서! 제발 우리를 이대로 버리지 말아 주소서!"라고 부르짖었어야 했다. 하지만 엘리는 전혀 그런 모습을 보여 주지 않았다.

그렇지만 엘리가 우리가 생각하는 일반적인 기준에서 악한 사람은 아니었다. 그의 자식들인 홉니와 비느하스는 진짜 악한 사람들이었지만 말이다. 그들은 하나님의 제사를 우습게 여기고, 제물을 빼돌리고, 성전에서 수종을 드는 여인들을 성적으로 유린했다. 엘리는 분명 적극적으로 이런 악을 행한 적이 없다. 사무엘의 입장에서 보면 엘리는 좋은 어른일 수 있다. 결국 사무엘이 하나님의 음성을 들을 수 있게 된 것도 엘리가 가르쳐 주었기 때문이 아닌가. 엘리는 다른 선한 일도 행한 적이 있다. 사무엘이 태어나기 전, 한나를 위로했고, 하나님을 위한 자식의 축복도 했었다.

그런 엘리에게 없는 것이 있었다. 바로 '간절함'이었다. 엘리가 얼마나 간절함이 없었는지 13, 14절은 말한다.

> 엘리는, 자기의 아들들이 스스로 저주받을 일을 하는 줄 알면서도, 자식들을 책망하지 않았다. 그 죄를 그는 이미 알고 있다. 그래서 나는, 그의 집을 심판하여 영영 없애 버리겠다고, 그에게 알려 주었다. 그러므로 나는 엘리의 집을 두고 맹세한다. 엘리의 집 죄악은, 제물이나 예물로도 영영 씻지 못할 것이다.

하나님이 사무엘에게 주신 예언은 엘리 제사장 집안의 멸망에 관한 것이었다. 사무엘은 이 예언을 들었을 때 깜짝 놀랐을 것이다. 또 엘리에게 자기가 들은 것을 말할 수도 없었다.

그런데 엘리는 사무엘에게 숨기지 말고 하나님에게 들은 예언을 말해 달라고 한다. 결국 사무엘은 조금도 숨기지 않고 하나님이 들려주신 것을 엘리에게 말해 주었다. 다음은 자신과 자기 집안의 멸망에 관한 하나님의 예언을 들은 엘리의 반응이다.

> 엘리가 말하였다. "그분은 주님이시다! 그분께서는 뜻하신 대로 하실 것이다"(삼상 3:18).

이 반응만 보면 그는 얼마나 신실한 사람인가? 자기가 심판을 당할 것이고, 자신의 집이 완전히 망할 것이고, 자신의 가문이 끊어져 세상에서 없어질 것이라는 말씀을 들었는데도 그는 주님이 뜻하신 대로 하실 것이라고 말한다. 대체 이 부분을 어떻게 이해해야 할까? 엘리가 믿음이 좋은 걸까? '내가 망한다 해도 하나님의 뜻대로 되어야 한다!'는 믿음의 표현일까? 여기서 순응은 '하나님이 원하시는 정답, 성도에게 원하시는 반응'이 아니다.

그는 "제가 죄를 지은 것도 맞고, 자식들을 너무 사랑한 것도 맞고, 말씀대로 자식을 못 키운 것도 맞습니다. 제 영적인 눈이 어두워진 것도 맞고, 그럼에도 편안한 침대에 누워 잠을

잔 것도 맞습니다. 그런데 하나님, 한 번만 용서해 주십시오. 제가 회개하고 돌이키겠습니다. 다시 한번 힘을 내서 자식들을 믿음으로 돌이키도록 만들겠습니다. 제 모든 힘을 다해 어떻게든 회개하게 하고 돌이킬 테니 제발 한 번만 더 기회를 주십시오"라고 했어야 한다.

대부분의 사람이 홉니와 비느하스는 아닐 것이다. 그러나 부모인 우리는 어쩌면 엘리일 수 있다. 대부분은 나름 괜찮다고 평을 받는 사람들일 것이다. 그런데 그것이 더 위험하다. 하나님에 대해 알고, 이런저런 교리를 배우기도 하고, 신앙적인 용어도 잘 쓰고, 온유하기까지 한데, 아주 중요한 순간에 하나님 앞에 엎드리지 않는 것이다. 간절히 하나님에게 은혜를 구하는 법을 잊어버린 것이다.

그 결과, 어떻게 되는가? 하나님의 예언이 성취되어 버린다. 이후 블레셋과 이스라엘 사이에 전쟁이 벌어졌고, 제사장으로 홉니와 비느하스도 참전했다. 그 전투의 결과다.

> 소식을 전하는 그 사람이 대답하였다. "이스라엘 백성은 블레셋 사람 앞에서 도망쳤고, 백성 가운데는 죽은 사람이 매우 많습니다. 제사장님의 두 아들 홉니와 비느하스도 전사하였고, 하나님의 궤는 빼앗겼습니다." 그가 하나님의 궤에 대한 소식

을 전할 때에, 엘리는 앉아 있던 의자에서 뒤로 넘어져, 문 곁으로 쓰러져서 목이 부러져 죽었다. 늙은데다가 몸까지 무거웠기 때문이다. 그는 마흔 해 동안 이스라엘의 사사로 있었다 (삼상 4:17-18).

✳

홉니와 비느하스, 그리고 엘리는 우리와 완전히 다른 부류의 사람이라고 생각할지 모른다. 그러나 하나님이 보시기에, 하나님 편에 서서 하나님을 따르지 않는 모든 사람은 다 심판 아래 있는 자이다. 자신이 엘리와 비슷하다는 것을 인정한다면, 해야 할 일은 정해져 있다. 하나님을 향한 간절함을 회복하는 것이다.

또한 인간 사무엘을 훌륭한 사람으로 만들지 말아야 한다. 그가 착하고 훌륭하고 대단해서 하나님이 그를 찾아오신 것이 아니다. 하나님이 훌륭하신 것이다. 하나님이 집요하게 사무엘을 찾아오신 것이다. 그 하나님의 열심이 사무엘을 이스라엘 백성을 위한 말씀의 종으로 세우신 것이다.

이 과정을 통해 우리는 하나님이 일하시면, 이 어둠이 가득한 땅에서도 등불이 빛을 내고 다시금 말씀의 역사가 일어날 수 있음을 확인한다. 결국 하나님만이 훌륭하시다.

부모이며 어른인 우리는 엘리에게는 없었던 '간절함'의 회복을 구해야 한다. 하나님이 나와 우리 가정과 교회에 말씀을 주시고 역사해 주시기를, 이 시대 위에 임해 주시기를, 캄캄하고 어두운 이 땅을 진리의 등불로 밝혀 주시기를, 이 등불로 우리를 비추셔서 하나님의 구원 역사가 나와 내 가정 위에, 내 사랑하는 자녀들 가운데 나타나기를 구하는 부모와 어른이 되어야 한다.

나눔 질문

― Q ―

1. 마음을 여는 질문

요즘 나는 하나님이 나에게 말씀하신다고 생각하는가? 혹은 하나님의 음성을 듣고 싶지만 들리지 않는다는 느낌을 받는가?

2. 본문 이해를 돕는 질문

1) 사무엘이 부름을 받던 시대의 영적 상태는 어땠는가? '주님의 말씀이 드물었다'는 표현이 의미하는 바는 무엇인가? (삼상 3:1)

2) 하나님이 사무엘을 여러 번 부르셨을 때, 사무엘이 처음에는 그것을 깨닫지 못한 이유는 무엇인가? 엘리의 반응은 어떠했으며, 이 상황이 우리에게 주는 교훈은 무엇인가? (삼상 3:4-9)

3) 하나님이 사무엘에게 처음으로 주신 메시지는 무엇이었으며, 그것이 엘리와 그의 가문에게 어떤 의미였는가? (삼상 3:10-12)

4) 엘리는 하나님의 심판 선언을 들었음에도 특별한 반응을 보이지 않았다. 그의 태도에서 우리는 무엇을 배울 수 있는가? (삼상 3:18)

3. 삶에 적용하는 질문

나는 사무엘처럼 하나님의 음성에 민감하게 반응하는가, 아니면 엘리처럼 영적으로 둔감해져 있는가? 오늘 내 삶에서 하나님의 음성에 민감해지기 위해 구체적으로 무엇을 해야 할까?

3장 나는 방해꾼인가, 이끄미인가?

난관을 뚫고 아이를
주님 앞에 데리고 나와야 하는 이유

●마가복음 10장 13-16절

미래학자 최현식 박사가 쓴 「코로나 이후 3년, 한국 교회 대담한 도전」(생명의말씀사)에서는 코로나 이후 3년이 한국 교회를 살릴 수 있는 마지막 시간이라고 밝히고 있다. 한국 교회는 20년 전부터 조금씩 무너지고 있는데, 코로나가 무너지는 속도를 가속화시키고 있다는 것이다. 지금 무언가 조치를 취하지 않는다면 회생하기 어려운 상처를 입게 될 것이라고도 했다.

그동안 인류는 새로운 위기가 나타나면 이에 대응할 여러 해결책을 제시해 왔다. 코로나도 마찬가지였다. 많은 어려움과 많은 희생이 있었지만 많은 부분이 이전의 안정된 상태로 돌아갔다. 하지만 이전 상태로 돌아가지 못한 영역이 있다. 그 기간 동안 교회를 출석하지 못했던 젊은 세대, 다음 세대의 교회 출석률이다. 어른들, 그러니까 기존 세대라고 할 수 있는 50대 이상의 출석률은 거의 회복되었지만 젊은 세대는 회복이 요원하다.

최현식 박사도 책에서, 청년이라고 불리는 세대와 청소년들은 이전에도 교회 안에서 소수였는데 더 소수가 될 가능성이 크다고 주장한다. 그런 의미에서 한국 교회가 선교지라는 생각을 가져야 한다고 말한다. 이런 분석은 이미 오래전부터 많은 이가 예견하고 이야기해 오던 것이었다. 한국 교회가 다음 세대 사역을 할 때, 해외 선교지에 선교사를 보내는 것과 같은 마음으로 임해야 한다는 것이다. 다음 세대의 실제 비율만 보아도 선교학에서 미전도 종족을 구분할 때 사용하는 3퍼센트에 가깝기 때문이다.

다음 세대, 우리의 자녀 세대, 젊은이와 청소년, 그리고 어린이들……, 이들에 대한 사역은 이미 선교지에서 복음을 전하는 상황과 같아졌다. 이런 상황에서 부모와 어른인 우리는 어떻게 다음 세대를 지켜야 할지 진지하게 고민하고 이에 적실하게 대응해야 한다.

이번 장은 그렇게 하기 위해 부모와 어른이 품어야 할 마음과 태도가 무엇인지 잘 알려 준다.

예수님, 대노하시다

> 사람들이, 어린이들을 예수께 데리고 와서, 쓰다듬어 주시기를 바랐다. 그런데 제자들이 그들을 꾸짖었다. 그러나 예수께서는 이것을 보시고 노하셔서, 제자들에게 말씀하셨다. "어린이들이 내게 오는 것을 허락하고, 막지 말아라. 하나님 나라는 이런 사람들의 것이다"(막 10:13-14).

예수님이 사람들을 가르치고 계실 때, 몇 사람이 자신들의 자녀를 데리고 예수님에게 다가왔다. 지금과 마찬가지로 당시에도 훌륭하다고 소문난 종교 지도자를 만나면 자녀가 그의 가르침과 축복을 받게 하고 싶은 것이 부모의 마음이다. 그런 부모들 가운데 열정이 있는 이들이 자녀를 데리고 와 예수님에게 안수해 달라고 했다. 그런데 그들은 예수님의 제자들에게 제지당한다.

제자들은 예수님이 바리새인들과 논쟁하시는 중이었고, 대단히 중요한 가르치는 사역을 하고 계셔서 아이들 때문에 그 흐름이 끊어지면 안된다고 생각했을 것이다. 그러나 예수님의 생각은 제자들과 달랐다. 예수님은 제자들의 그 모습에 '대노'하셨다. 14절의 '노하셔서'로 번역된 단어 '아가낙테오'는

'많은'이라는 뜻과 '슬픔'이라는 뜻이 포함된 합성어다. '몹시 괴로워했다'는 의미이고, 사람이 느끼는 분노 가운데서도 가장 강렬한 분노를 표현할 때 쓰는 단어다.

예수님은 제자들을 혼내시며, 아이들을 데려오라고 말씀하신다. 그러신 후, 하나님 나라가 이런 어린아이들의 것이라 선언하시고는 아이들을 축복하여 돌려보내셨다. 지나가듯 등장하는 이 짧은 이야기 속에서 과연 우리가 생각해 보아야 할 것은 무엇일까? 왜 이 짧은 이야기가 사복음서 전체에 등장하고 있을까?

예수를 사랑하지만, 그리스도인은 싫다

첫 번째로 생각해야 할 것은, 아이들이 예수님에게 나아가는 데 '방해꾼'이 있었다는 사실이다. 그 방해꾼은 예수님의 제자들이었다. 제자라면 기본적으로 사람들을 예수님에게로 이끄는 자들이어야 한다. 다른 사람들과 예수님을 연결하는 일, 그것이 제자들이 해야 할 가장 기본적인 일이다. 그런데 제자들은 아이들과 그 부모들을 막았고, 꾸짖었고, 위협해서 돌려보내려 했다.

제자들은 예수님이 더 중요한 사람들과 더 중요한 일을 해야 한다고 생각했다. 지금 예수님은 유대인들의 종교 지도자들을 만나고 계셨다. 그들이 낸 어려운 질문에 답하며 치열하게 논쟁을 하고 계셨다. 그때 예수님은 수많은 무리 안에서 그들을 가르치고 치료하고 축사하는 중요한 일을 하고 계셨다. 그래서 제자들은 예수님에게 저 하찮은 아이들을 축복하실 여력이 없다고 생각했을 것이다. 그에 따라 제자들은 마땅히 해야 할 역할과 반대의 역할을 했다. 사람들을 이끌어 예수님 앞에 세워야 할 이들이, 예수님과 사람 사이에 서서 예수님을 만나러 온 이들을 돌려보내는 일을 한 것이다.

이 일은 오늘날 우리에게도 일어난다. 복음을 전하고 복음을 가르치고 복음으로 살아 내 보여 주어야 할 기존 성도가, 그 바른 역할을 하지 못함으로 복음을 막는 경우다. 세상은 우리가 교회 안에서 어떤 일들을 하는지 알지도 못하고 관심도 없다. 우리가 몇 시간 기도하는지, 얼마나 열렬하게 찬양하는지, 얼마나 진지하게 말씀을 듣고 공부하는지 등 우리가 중요하게 생각하는 그 종교 생활에 하나님을 믿지 않는 세상은 관심이 없다. 세상이 보는 것은 세상 속에서 우리가 어떻게 사는지이다. 세상은 세상과 맞닿아 있는 곳에서 우리가 어떻게 살아가는지를 본다. 그리고 그 모습으로 '신자'와 '신자가 믿는 바'

를 판단한다. 그런데 그 세상이 보기에 한국의 그리스도인, 또 많은 기독교 지도자는 아름답지도 특별하지도 않은 것이다.

> 나는 예수를 사랑한다. 그러나 그리스도인은 싫어한다. 왜냐하면 그들이 예수를 닮지 않았기 때문이다.

인도의 독립을 주도했던 마하트마 간디가 남긴 유명한 말이다. 간디가 그리스도인이 될 수 없었던 가장 큰 이유는 그가 영국에서 유학을 하던 중 만났던 그리스도인들 때문이었다. 예수님의 가르침과 매우 먼 영국 그리스도인들의 모습을 보면서 간디는 기독교 신앙 갖기를 거부하게 되었다. 성경을 읽으며 예수를 사랑하게 되었지만, 예수를 사랑한다는 사람들의 모습 속에서 예수를 발견하지 못했기 때문에, 그는 예수의 제자가 될 수 없었다.

성도는 이미 '복음 전파자'로서 부르심을 받은 사람들이다. 영적인 부모와 어른인 우리는 사람들을 예수님에게 나오게 하는 '이끄미'여야 한다. 이보다 중요한 일은 없다. 제자들은 예수님에게는 더 중요한 일이 있고, 그 일을 위해서 아이들은 예수님을 만나면 안된다고 생각했다. 그러나 예수님은 이 아이들을 만나는 것이 가장 중요한, 최우선 순위여야 한다고 밝히셨다. 우선순위는 우리가 가진 기준으로 정하는 것이 아니라 예수님이 정하시는 것이다. 예수님이 그 영혼들과 만나는 것을 가장 중요한 우선순위로 정하셨다면, 우리도 그 우선순위대로 살아야 한다.

 부모와 어른들은 꼭 알아야 한다. 자녀들이 예수님을 만나는 데 자신이 방해꾼이 될 수도 있다는 것이다. 어떤 경우가 그럴까? 많은 경우가 여기에 포함되겠지만, 그중 가장 중요한 것은 우리가 '먼저' 예수님에게 나아가지 않을 때이다. 자신은 성경을 읽지 않으면서 아이들에게 성경을 읽으라고 강요할 때 아이들이 어떻게 생각할까? 자신은 찬양하지 않으면서 아이들에게 찬양하라고 하면 어떤 반응을 보일까? 자신은 전혀 기도하지 않고, 그 모습을 아이들에게 보여 주지 않으면서 아이들이 기도 시간을 즐거워하기를 바랄 수 있을까? 과연 그것이 아이들의 영혼에 어떻게 새겨질까? 하나님 말씀대로 살지 않고, 그리스도의 몸 된 교회를 사랑하지 않고, 일주일 내내 단 한 번도 신앙과 관련된 대화를 하지 않는 부모를 본 자녀가 있다고 하자. 그 자녀의 생각과 마음에 신앙과 관련된 것들이 만들어질 수 있을까?

 부모와 어른인 우리가 예수님과 다음 세대 사이를 막는 장애물일 수 있다. 혹시 내가 그런 상태로 살고 있다면 이 모습을 바꿔 달라고 하나님에게 나아가 엎드려야 한다.

반항하는 아이도 데려오다

우리는 자녀들과 다음 세대들을, 그리고 영적인 어린아이들을 주님에게 데려가야 하는 사람들이다. 그것이 하나님이 우리를 먼저 불러 주신 이유이자, 우리 모두에게 주신 '부르심'이다. 본문에 등장하는 부모들은 그 부르심에 충실했다. 예수님이 그 동네에 오셨고, 무척이나 바빠 보이셨지만, 그 부모들은 자녀들을 데리고 예수님에게 나아가 예수님의 축복을 구했다.

> 사람들이, 어린이들을 예수께 데리고 와서, 쓰다듬어 주시기를 바랐다. 그런데 제자들이 그들을 꾸짖었다(막 10:13).

우리는 이 장면을 읽으면서 일반적으로 생각할 수 있는 한 장면을 떠올릴 수 있다. 어린아이를 안고 있는 엄마나 아빠가 목사를 찾아와 축복 기도를 받는 장면이다. 이 장면은 그냥 떠올리기만 해도 몹시 기분이 좋아진다. 아기를 낳지 않으려는 부부가 많아지는 요즘, 새 생명이 태어난다는 것이 얼마나 감사한 일인지 모른다. 작은 아기를 안고 온 부모, 그리고 그 아기들을 축복하는 예수님⋯⋯. 그 그림이 참 아름답다.

그러나 본문의 사건이 이렇게 감동스럽기만 한 그림은 아니다. 여기에 등장하는 '어린아이들'로 번역된 원어는 '파이디아'인데, 이 단어는 청소년까지를 총칭한다. 여기 데려온 아이들 중에는 반항기 청소년들도 있다는 것이다. 내가 마음대로 데려올 수 있는 영유아 어린아이만 있는 것이 아니라 자기 고집이 있는 초등학생, 중학생도 있었다.

영아에서 십대 청소년까지 부모의 손에 이끌려 예수님에게 나온 것이다. 청소년들 중에는 나오기 싫은 내색을 하는 이들도 있었을 것이다. 부모와 갈등이 발생할 수 있고 반항하는 아이도 있었을 것이다. 그런데 아빠가 끌고 나온 것이다. 신앙 교육은 엄마 몫이라고 생각하는 사람들이 있는데 결코 그렇지 않다. 신앙 교육에서 아빠가 빠지면 안 된다. 아빠가 지금 그 가족 전체를 이끌고 예수님에게 간 것이다. 청소년이라고 빠질 수 없다. 아빠는 강경하게 청소년들을 끌고 그 자리로 갔다. 왜 이렇게까지 하는 걸까? 이 자녀가 예수님을 만나야 하고, 그분의 만지심을 경험해야 하고, 그분의 은혜를 누려야만 바르게 자랄 것이기 때문이다.

꾸짖음에도 돌아서지 않다

부모에게 닥친 어려움은 또 있었다. 예수님을 향해 가려고 하는데 예수님의 제자들이 강경하게 그들을 막았다. '꾸짖다'라고 표현된 이 단어는 진행형 동사이다. 한 번 막은 것이 아니라 여러 번 계속 막았다는 의미다. 제자들은 부모들에게 다양한 말로 설득했을 것이다. 예수님은 바쁘시고 지금 더 중요한 일들을 하고 계시다고 했을 것이다. 또는 예수님은 지금 무척이나 중요한 일을 하고 계시니 당신의 자녀들까지 축복하실 시간이 없다고 말했을 것이다. 아니면 지금 예수님이 바리새인들과 논쟁하시는 것이 보이지 않느냐고, 귀신 들린 자 안에 있는 귀신을 내어 쫓으시는 것이 보이지 않느냐고 했을 것이다. 이제 그만 물러서라고, 나중에 예수님이 여유 있는 시간에 다시 오라고 했을 것이다. 부모들은 자존심이 상했을 테지만, 한편으로는 제자들의 말이 맞다고도 생각했을 것이다.

그런데 이 상황에서 그 부모들은 어떻게 했는가? 돌아가지 않았다. 그 부모들의 목적이 품위 있는 사람이 되려는 것이 아니었기 때문이다. 그 부모들은 예수님과 자녀들이 만날 수 있기를 바랐다. 예수님이 자녀들의 머리에 손을 얹으시고, 자녀들을 축복해 주시기를 바랐다. 부모들은 포기하지 않았고 결국 예수님의 축복을 받아 냈다. 부모들이 돌아가지 않았던 이유는 한 가지이다. 자녀들을 진심으로 사랑했기 때문이다. 자녀들의 인생에 예수님을 만나는 것이 그 어떤 것보다 중요하다는 것을 알았기 때문이다. 이렇게 예수님에게 축복을 받는 것이 이 아이들의 인생을 새롭고 풍성하게 만들 것을 알았기 때문이다.

우리 교회 헌금 봉투에는 기도 제목을 적는 공간이 있다. 대부분의 성도는 그 공간을 비워 놓고 헌금을 하시는데, 매주 꼭 기도 제목을 남기시는 분이 계신다. 그분이 매주 남기시는 기도 제목은 한 가지이다. 자신의 세 자녀의 이름과 그 자녀들과 함께 하나님을 예배하는 날이 오기를 구하는 기도 제목이다. 그 성도의 집에 심방을 가게 된 날, 거실 벽에 걸린 장성한 자녀들의 사진을 보았다. 한 번도 만나 본 적이 없는 자녀들인데 그 사진 속에 있는 자녀들 한 명 한 명의 이름이 생각났다. 자녀들의 신앙을 포기할 수 없던 엄마의 매일 기도 때문이다.

우리 자녀들이 예수님을 만나는 것은 있으면 좋고 없어도 괜찮은, 그래서 "이번 기회에 만나면 좋고 안 되면 다음 기회에 만나면 되지"라고 말할 만한 것이 아니다. 이것은 정말 좋은 일이고 반드시 이루어져야 하는 일이다. 예수님을 만난다는 것은 우리 자녀들의 인생에 가장 중대한 사건이다. 절대 포기할 수 없는 일이라는 말이다. 절대 포기하지 말라. 자녀들이 사춘기가 되었기 때문에 이제는 못 하겠다고 하지 말라. 청년이 되었으니 포기하겠다 하지 말라. 결혼을 해서 따로 가정을 이루었으니 더는 권한이 없다 하지 말라. 여전히 믿음의 부모는 예수님에게 우리 자녀를 이끌고 가야 할 책임이 있다. 정말로 사랑하는 우리 자녀, 우리 다음 세대가 가장 행복할 수 있는 길이 예수님 안에 있다는 것을 알기에 포기할 수 없는 것이다. 다시금 우리 자녀들과 다음 세대에게 다가가 그들의 손을 잡고 이끌어서 예수님에게 인도할 수 있는 부모와 어른이 되어야 한다.

어린아이에게 배우다

예수님이 어린아이를 내쫓아서는 안된다고 하시는 이유가 있다. 심지어 예수님은 하나님 나라에 들어가는 자는 반드시 이 어린아이가 갖는 특징을 갖추어야 한다고까지 말씀하시며, 아이들의 소중함을 강조하셨다. 과연 우리는 아이들에게서 무엇을 배워야 할까?

> 내가 진정으로 너희에게 말한다. 누구든지 어린이와 같이 하나님 나라를 받아들이지 않는 사람은 거기에 들어가지 못할 것이다(막 10:15).

어린아이들의 모든 것을 배우라는 말이 아니다. 아이들은 천사가 아니다. 죄 없는 존재들도 아니다. 천사 같아 '보이는' 아이는 있어도 천사 같은 아이는 없다. 다 죄인이다. 이 말씀은 결코 아이들의 무지, 자기 중심성, 순진함과 같은 것을 배우라는 말이 아니다. 그럼 무엇일까? 본문에서 말하고자 하는 것은 '단순한 신뢰'이다. 예수님은 이 땅에 오셔서 "하나님 나라가 임했다"고 선언하셨다. 그런데 종교 지도자들은 그 말을 믿지 않았다. 눈에 보이는 현상들을 보았을 때는 큰 변화가 없었기 때문이다. 그들이 생각하기에 진짜 메시아가 왔고 하나님 나라가 임했다면 엄청난 지각 변동이 일어나고 세상이 뒤집혀야 하는데, 예수를 중심으로 몇몇 기적과 역사가 있는 것 같았을 뿐 그다지 크게 달라지지 않았다고 느꼈기 때문이다.

그래서 당시 어른이라고 불리는 종교 지도자들은 끊임없이 예수님의 말을 의심하고 공격하며 자신들의 믿지 않음을 표현했다. 그들에게는 예수님의 말씀을 믿는 믿음이 없었다. 반면에 아이들의 특징은 권위자의 말을 그대로 믿는다는 것이다. 누가는 이런 성격을 강조하고 있다.

> 내가 **진실로** 너희에게 이르노니 누구든지 하나님의 나라를 어린아이와 같이 받아들이지 않는 자는 **결단코** 거기 들어가지 못하리라 하시니라(눅 18:17, 개역개정).

진실로, 결단코, 하나님 나라에 대한 '단순한 믿음'이 없다면 그 나라에 들어갈 수 없다는 것이다. 우리는 하나님의 진리가 어떤 것인지를 물으며 공부해야 한다. 깨닫기 위해 질문하고 답을 찾기 위해 노력해야 한다. 이해할 수 없는 것을 이해하기 위해 애쓰는 태도가 있어야 한다. 우리가 모든 것을 이해할 수는 없다. 하나님의 뜻이 모든 상황 속에서 선명하게 드러나는 것도 아니다. 그럼에도 하나님 아버지를 믿고, 우리를 사랑하셔서 우리를 위해 죽으신 예수님을 믿어야 한다. 우리 안에 내주하시는 성령님을 믿어야 하며, 삼위 하나님이 우리를 위해 준비하신 완전한 하나님 나라를 믿어야 한다. 보이지 않고, 설명하기 어려울 수도 있다. 그런데 주님은 분명히 우리에게 "내가 그 나라를 준비해 놓았다"라고 말씀하셨다. 눈에 보이지도 손에 잡히지도 않지만, 그럼에도 그분이 말씀하셨기에 그 나라를 믿고, 소망할 수 있다.

아이들은 부모의 손에 이끌려 나왔다. 그 아이들은 예수님을 잘 모른다. 그저 자신의 부모가 예수님은 좋은 분이고 그 좋은 분이 너희를 축복하는 것은 너희 인생에 특별한 선물이라며 알려 주었을 뿐이다. 아이들은 이 말을 믿었다. 다 알지는 못해도 예수님을 만난다는 것이 좋은 것임을 듣고, 믿고, 따랐다. 이 순수한 신뢰, 주님을 향한 이 천진한 기대, 이것이 아이들에게서 우리가 배워야 할 진리이다.

자녀에게 복음을 전하는 과정에서 우리도 복음을 정리하게 된다. 비신자에게 예수님을 전하기 위해 살다 보니 예수님을 닮아 있는 것처럼 말이다. 다음 세대에게 복음을 전하고 들려주는 과정에서 어른들은 자신들의 삶을 허비한다고 생각해서는 안 된다. 오히려 그 과정을 통해 아이들에게 배우고 비신자들에게 배우는 것이다. 그리고 그 모든 과정 가운데 역사하시는 하나님을 통해 배우는 것이다. 그래서 내가 그 나라에 들어가기에 합당한 자로 또 빚어지는 것이다.

이제 마지막으로 예수님에게 다가선 아이들은 어떻게 되었는지 살펴보자.

> 예수께서는 어린이들을 껴안으시고, 그들에게 손을 얹어서 축복하여 주셨다(막 10:16).

예수님이 그 아이들을 삼중으로 축복하셨다. 안아 주셨고, 그들의 머리 위에 손을 얹어 안수하셨고, 축복하셨다. 이 삼중적 축복이 예수님의 축복의 완전성을 보여 준다. 그 아이들은 예수님을 만났고, 예수님은 아이들을 축복하셨고, 아이들의 인생은 변화되었다. 그리고 나서 변화된 아이들은 자신을 예수님에게로 이끌었던 부모의 손길을 평생토록 기억하고 감사할 것이다.

주님은 그 아이들 부모의 간절함을 받으셨다. **그래서 우리는 부모이며, 어른으로서** 자녀들과 다음 세대의 인생이 예수님을 만나 새롭게 되도록 인도하는 '이끄미'가 되어야 한다. 그렇게 다음 세대가 예수님을 만나 복을 받기를 구하며 우리가 할 수 있는 최선을 다해야 한다.

나눔 질문
Q

1. 마음을 여는 질문

내가 누군가를 예수님에게 가까이 가도록 도운 적이 있는가? 또는 반대로, 나의 말이나 행동이 누군가의 신앙을 방해한 적이 있지는 않은가? 솔직하게 나눠 보자.

2. 본문 이해를 돕는 질문

1) 예수님의 제자들은 왜 아이들이 예수님에게 가지 못하도록 막았을까? 그들의 행동에는 어떤 의도가 있었을까? (막 10:13)

2) 예수님은 왜 아이들을 막는 제자들을 보고 크게 노하셨을까? 그분이 강조하신 '하나님 나라'와 어린아이들은 어떤 관계가 있을까? (막 10:14)

3) 예수님은 어린아이와 같이 하나님 나라를 받아들이지 않는 사람은 그 나라에 들어가지 못한다고 말씀하셨다. 여기서 말하는 '어린아이와 같은 태도'란 무엇일까? (막 10:15)

4) 아이들을 예수님에게 데려온 부모들은 어떤 어려움을 겪었을까? 그럼에도 끝까지 포기하지 않은 이유는 무엇이었을까? (막 10:14, 16)

3. 삶에 적용하는 질문

나는 예수님을 전하는 '이끄미'인가, 아니면 가로막는 '방해꾼'인가? 특히 내 자녀나 주변의 다음 세대가 예수님을 만나도록 돕기 위해 이번 주에 실천할 수 있는 구체적인 행동 하나를 정해 보자.

●디모데후서 3장 12-17

4장 다음 세대에게 필요한 '그 자리'
부모가 성경 말씀을 가르쳐야 할 이유

집안 형편이 좋지 않았던 어린 시절, 부모님은 우리 형제가 원하는 것들을 사 주실 수 없는 때가 많았다. 그때마다 미안한 마음을 담아 자주하셨던 표현이 "너희는 나중에 커서 더 좋은 것 많이 먹어라!"였다. 그때까지만 해도 오늘보다 내일이 더 나을 것이며, 부모들의 세대보다 자녀들의 세대가 더 풍요로워질 것이라는 믿음이 있었고, 이는 대부분 사실이었다. 그러나 지금 세상은 이와 다르게 흘러간다. 대부분의 자녀들은 그들의 부모보다 풍요로운 삶을 살지 못하게 될 것을 예견한다. 지금보다 나아질 내일에 대한 소망을 품기 어려운 시대가 되었다는 의미이다. 어쩌면 이것이 우리의 다음 세대가 느끼는 가장 큰 어려움이 아닐까?

어릴 적 나는 경제적인 어려움은 있었지만 꽤나 큰 자유를 누렸고 자연과 공동체 문화를 누리면서 자랐다. 나의 청년기 시절은 한국 기독교의 전성기라고 불리던 때였고 그리스도인으로서 다양한 혜택을 받았던 짧은 시기였다. 그러나 우리의 다음 세대, 자녀 세대는 그런 것들을 누리지 못할 수도 있다는 생각이 든다.

우리는 지금 어려운 시간을 보내고 있다. 길었던 감염병의 시기를 겪었고, 기후 위기라는 거대한 환경 변화를 경험하며, 거대한 참사가 언제라도 일어날 수 있음을 경험했던 다음 세대가 이런 질문을 한다. "하나님이 계시다면, 왜 이런 일들이 일어나는 거죠?" 자신들의 짧은 생을 돌아봐도 뭔가 이상하고 어려운 일이 많은 것 같기 때문이다. 이 질문에 나는 지금 일어나는 대부분의 일들이 인간의 죄, 특히 탐욕의 결과라고 말해 주었다. 인간의 욕심으로 자연이 파괴되고, 그로 말미암은 이상 기후와 바이러스가 인간을 공격하는 상황이 곳곳에서 일어나며, 앞으로는 이런 일이 더 자주 일어나게 될 거라고 말이다. 인간의 탐욕이 만든 생명을 경히 여기는 풍조 때문에 이런 참사가 일어난다고 말이다. 그리고 이런 시대를 다음 세대에게 물려주는 것 같아 기존 세대의 일원으로 미안하다고 말했다.

성도가 박해를 받는다

이번 장에서 다루는 디모데후서의 시대적 배경은 '말세'이다. 성경이 말하는 '말세'는 종말론자들이 말하는 '지구 종말의 때'가 아니다. 예수님의 초림과 재림 사이에 있는 모든 시간, 다시 말해 예수님의 다시 오심을 기다리는 모든 기간이 '말세'이다. 2천 년 전 바울은 사랑하는 영적인 아들인 디모데에게 도움을 주고자 디모데후서를 썼다. 그는 자신이 살고 있는 시대를 '말세'라고 부르고 있다.

> 그대는 이것을 알아 두십시오. 말세에 어려운 때가 올 것입니다(딤후 3:1).

이것이 당시 바울이 경험하는 현재이고, 임박한 미래다. 바울은 복음 때문에 로마 감옥에 갇혀 있다. 그는 거기에서 다양한 로마인을 만났다. 그리고 교회를 향한 로마 제국의 핍박이 점점 심해지고 있음을 느낄 수 있었다. 당장 자신만 해도 처음 감금당할 때는 가택 연금 형태였는데, 이번에는 캄캄한 지하 감옥에 갇혀 있으니 말이다. 그때 바울은 소아시아 지역의 경제적 수도 역할을 하던 '에베소' 지역의 감독으로 세워진 디모데가 사역에 어려움을 겪고 있다는 소식을 듣는다. 시대를 보며 낙심한 디모데, 더 이상 사역을 이어 가기를 힘들어 하던 디모데를 격려하여 다시 성도를 돌보는 일을 하게 하려는 목적으로 바울은 이 편지를 썼다. 자신의 세대를 마무리하며, 다가오는 시대를 살아갈 다음 세대 성도에게 하나님 나라를 살 힘을 주기 위함이다.

앞 세대는 다음 세대를 위해 마땅히 지금 해야 할 것이 있다. 다음 세대가 누려야 하는 것들을 더 이상 빼앗지 말아야 한다. 지구적인 환경 문제에 적극적으로 개입해야 한다. 사회 구조를 살 만한 곳으로 바꾸기 위해 노력해야 한다. 다음 세대를 위해 앞 세대가 희생해야 한다. 우리의 시간과 능력, 이제껏 쌓아 온 많은 것을 다음 세대에게 반드시 전해야 한다. 그런데 그런 구체적인 희생과 수고만큼이나 중요하고, 어쩌면 더 중요한 것이 있다. 바로 다음 세대가 세상을 살면서 만나게 되는 모든 상황을 분별할 수 있는 '기준'을 세워 주는 것이다. 바울은 그 말세를 사는 기준을 '말씀'에서 찾고 있다.

바울은 말세를 사는 성도가 만나게 될 특별한 상황을 '박해와 속임'으로 설명하고 있다.

> 그리스도 예수 안에서 경건하게 살려고 하는 사람은 모두 박

해를 받을 것입니다(딤후 3:12).

그리스도 예수 안에서 경건하게 살고자 하는 사람은 이 땅의 모든 참된 성도이다. 참된 신앙을 고백하는 이들, 즉 교회이다. 그런데 그들이 이 말세에 모두 박해를 받을 것이라고 말한다. 우리는 '성도가 박해를 받는다'는 말이 잘 믿어지지 않는다. 아직 그 박해를 직접적으로 경험하지 않았기 때문이다. 적어도 부모와 어른인 우리 세대는 그리스도인이라는 이유로 박해를 받은 경험이 별로 없다.

우리 시대 한국의 기독교는 산업화와 함께 가장 강력하게 성장하는 종교였다. 산업화 가운데 성장한 교회들을 생각해 보면, 신자이기 때문에 손해를 경험하기보다는 혜택을 경험한 경우가 더 많았던 시대를 살았다. 일명 유사 크리스텐덤 시대를 산 것이다. 그런데 긴 교회의 역사 속에 그런 시기는 별로 없었고 그렇게 길지도 않았다. 대부분 기독교 역사에서 '참된 성도, 참된 교회'는 세상의 박해와 차별을 받았다. 성도가 경건하게 살려고 하면 세상의 박해를 받게 되어 있다.

참된 경건이 무엇일까? 기도를 많이 하고, 말씀을 많이 읽고, 기독교 방송을 오래 들으면 박해를 받는다는 것일까? 교회에서 많은 시간을 보내면 핍박을 받는다는 것일까? 그렇지 않다. 이전에도 그랬고 지금도 그렇지만 세상은 그리스도인들의 종교 생활에 별 관심이 없다. 기독교를 핍박했던 대부분의 세력은 기독교가 가지고 있는 교리나 종교 생활 때문에 기독교를 박해한 것이 아니라 그리스도인의 삶이 가진 파격성 때문에 기독교를 박해했다.

그리스도인들은 예배를 드리고 하나님의 말씀을 읽으며 하나님의 뜻을 분별한다. 그리고 기도로 성령님의 도움과 능력을 덧입는다. 그때까지는 아무런 문제가 없다. 그런데 진짜 그리스도인들은 '거기서 끝나는 법'이 없다. 그들은 나가서 그들이 믿는 바를 전한다. 그리고 그 믿는 바대로 산다. 그들은 어떤 의미에서 세상의 논리가 만든 질서를 허무는 자들이다. 세상의 돈의 논리, 힘의 논리에 반하는 삶을 산다. 세상이 견고하게 만들어 놓은, 좋다고 하는 것들을 허무는 '저항의 삶'을 산다. 그래서 참된 그리스도인, 참된 교회 공동체는 늘 세상의 박해를 받았다.

속이는 자, 속는 자가 넘치다

이 말세를 사는 교회는 속이는 자의 속임에 노출된다. 초대 교회 때부터 '속이는 자'가 있었고, 이들은 교묘하게 교회 안에 들어와 성도를 속였다. 그리고 이들의 속임에 늘 속았던 사람들이 있었다. 바울은 다가오는 디모데의 시대에 이 속이는 자가 더 악하고 교활해질 것이라고 보았다. 그 결과 더 많은 이가 속을 것이다. 오늘날에도 '속이는 자'가 있다. 그리고 '속는 자'도 있다.

대전신학교 허호익 교수는 「한국의 이단 기독교」(동연)에서 한국에 자칭 하나님이 20여 명, 자칭 예수님이 50여 명이 있다고 말했다. 자칭 성령님은 너무 많고 변화가 많아서 셈하기 어려운데 어떤 자료에 보니 300여 명이라고 한다. 자칭 '보혜사 성령님'이라고 주장하는 사람 중 가장 유명한 이가 신천지의 이만희다. 그렇듯 속이는 자의 속임에 넘어간 이들, 이단에 빠진 이들의 수가 몇 명이나 될 거라고 생각하는가? 재림 예수라고 주장하는 문선명의 통일교만 60만 명, 보혜사라고 주장하는 이만희의 신천지만 30만 명이다. 그 외에 얼마나 많은 다양한 이단이 있는가? 그 이단에 빠져 있는 이들의 수를 합치면 150만 명 정도라고 한다. 속이는 자와 속는 자가 넘치는 시대가 지금 이 시대이고, 그런 곳 중 하나가 지금 이 한국이라는 사회다.

더 심각한 문제는 정통 교회 안에도 '속이는 자'와 '속는 자'

가 있다는 점이다. 은밀하게 교회 안에서 일어나고 있는 속임수이다. '주님을 기다리는 신부들'(줄여서 '주기신')이라는 이름의 인터넷 카페가 있다. 기본적으로 교단을 초월해서 '주님의 재림을 소망하는 성도'라면 누구든 이 카페에 가입해서 활동할 수 있다. 그런데 이 카페를 만들고 운영하는 가장 핵심적인 무리는 예전에 '다미 선교회'라는 이름으로 활동했던 이들이다. 지금도 이 시한부 종말론자들에 의해 다른 종류의 거짓이 계속 생산되고 유통된다. 이런 단체는 주님의 재림을 준비해야 한다는 이유로 세대주의 종말론에 나온 다양한 음모론을 주장한다.

정통 교회라고 불리지만 그 안에서 전혀 다른 가르침을 전하는 이들이 단지 유명하다는 이유로 강사로 서서 메시지를 전한다. 젊은 이들을 대상으로 데이비드 차나 박성업과 같은 사람들, 혹은 신사도 운동을 하는 강사들을 세워 종말에 대한 공포를 확산, 심화시키며 종교적 열심을 부추기고 있다.

속이는 자들은 더욱 악해지고 교활해진다. 예전에는 대형 집회를 열어 신문 광고로 사람들을 모집했다면 이제는 수많은 유튜브 영상으로 사람들을 미혹한다. 비슷하게 말하지만 전혀 다른 결론이다. 야금야금 조금씩 성도의 마음을 진리에서 벗어나게 한다. 결국에는 전혀 다른 종착지에 도달하게 하고, 전혀 다른 삶을 살게 만든다. 속이기도 하고, 속기도 하는 것이다. 성경적으로 사고하는 법을 배우지 못한 한국 교회는 그러한 거짓에 한없이 취약하다.

배워서 굳게 믿는 그 진리 안에 머물라

그렇다면 우리는 어떻게 이 말세의 핍박과 속임수에서 나 자신과 다음 세대를 지킬 수 있을까? 바울은 하나님의 말씀, 곧 진리 안에 머물 것을 명령한다.

> 그러나 그대는 그대가 배워서 굳게 믿는 그 진리 안에 머무십시오. 그대는 그것을 누구에게서 배웠는지를 알고 있습니다 (딤후 3:14).

여기 있는 '그러나'는 '세상이 어떻게 흘러가고, 눈앞에서 어떤 일들이 벌어진다 할지라도'를 의미한다. 아무리 멋진 말들과 이적이 나타나 나를 현혹한다 해도 그것에 집중하지 말라는 말이다. "배워서 굳게 믿는 그 진리 안에 머무십시오." 이미 네가 배웠던 것, 이미 네가 확신하여 붙들고 있는 그 진리,

그 말씀 가운데 머무르라는 말이다. 여기 '머물다'를 의미하는 원어 '메네'는 '끝까지 그 상태를 유지하며 거하라'는 의미이다.

디모데는 하나님의 말씀을 배웠다. 그리고 그 말씀이 진리임을 확신했다. 그 진리 때문에 하나님의 교회를 섬기게 되었고, 신앙으로 하루하루를 살게 되었다. 그런데 지금 그것을 흔드는 자들이 나타나 핍박으로 성도의 삶을 포기하게 만들고, 속이는 가르침으로 잘못된 방향으로 나아가게 만드는 일이 일어났다. 바울은 흔들리는 디모데를 보며, 지금 눈앞에 보이는 것들에 흔들리지 말고, 이미 배웠던 진리의 말씀 가운데 끝까지 머물 것을 명령하고 있다.

바로 이것이 말세에 우리와 우리 다음 세대를 지킬 수 있는 유일한 방법이다. 하나님의 말씀을 붙들어야 한다. 말씀의 진리가 우리에게 새겨져야 한다. 진리가 무엇인지 진지하게 듣고 배워야 한다. 더 잘 알기 위해 애써야 한다. 진리와 진리가 아닌 것을 분별해야 한다. 아무리 듣기에 좋은 간증이 많아도, 아무리 보기에 놀라운 기적이 일어난다 해도, 아무리 친절하게 나에게 잘해 준다 할지라도, 결코 진리 외의 것에 넘어가서는 안 된다.

성경은 우리를 어디로 이끄는가?

15-17절에는 이 말세를 이기게 만드는 말씀이 어떠한지에 대한 총론이 나온다. 말씀의 기원과 방향, 유익과 목적을 말하고 있다.

> 그대는 어려서부터 성경을 알고 있습니다. 성경은 그리스도 예수를 믿는 믿음으로 말미암아 그대에게 구원에 이르는 지혜를 줄 수 있습니다. 모든 성경은 하나님의 영감으로 된 것으로서 교훈과 책망과 바르게 함과 의로 교육하기에 유익합니다. 성경은 하나님의 사람을 유능하게 하고, 그에게 온갖 선한 일을 할 수 있게 하는 것입니다(딤후 3:15-17).

성경은 우리를 어디로 이끌고 있는가? 성경은 능히 우리로 하여금 그리스도 예수 안에 있는 믿음으로 말미암아 구원에 이르는 지혜가 있게 만든다. 성경은 우리를 예수님에게로 인도한다. 그 예수님을 믿는 믿음을 만들어 낸다. 그 지혜가 우리를 구원에 이르게 한다. 그래서 우리는 성경을 통해 예수님을 점점 깊이 알아 가고, 그 예수님을 향한 믿음을 키워 간다. 그 예수님에 대한 믿음이 우리를 구원에 이르게 할 것이다. 구원은 말씀에서 나오기 때문이다.

반대로, 우리가 말씀을 보지 않는다면 어떤 일이 벌어질까? 예수님에 대해 무지하게 된다. 예수님을 모르는 자에게는 예수님으로 말미암은 구원도 없다. 알지 못하는 이를 믿고, 그에게 내 삶을 의지할 수는 없기 때문이다. 믿음은 기본적으로 그 대상에 대한 지식에 근거한다. 앞에 걸어가는 이가 어떤 사람인지 알 때, 그리고 그 사람에게 나의 길을 인도할 만한 지식과 경험이 있음을 알 때, 우리는 그 사람을 믿고 그 사람을 따를 수 있다.

성경은 우리에게 구원에 이르는 지혜를 준다. 만약 우리가 성경을 읽지 않고 공부하고 배우지 않는다면, 우리는 이 구원에 이르는 가장 중요한 지혜를 갖지 못할 것이다. 성경을 아는 것, 이것은 우리가 조금 잘 사는가 못 사는가의 문제를 넘어, 영원히 살고 죽는 문제이다.

성경은 누구에게서 오고, 어떤 기능을 하는가?

성경은 하나님의 감동으로 쓰였다. 여기에서 '영감(감동)'으로 번역된 원어는 '프누마'로 '생기-바람'을 의미하며 성령님을 의미하는 단어이기도 하다. 성령님이 성경을 기록하셨고 그 내용을 지켜 오셨고 오늘 우리에게 전달하셨다. 그래서 성경은 세상에 있는 모든 책과 완전히 다르다. 책을 기록한 이가 사람이 아니라 성령님이시기 때문이다. 물론 성령님이 사람을 사용하셨기 때문에 그 인간 기록자가 가진 다양한 특징이 반영되어 있다. 각자 다른 문화와 다른 언어들을 사용했고, 문체와 표현하는 방식이 다르다. 그러나 성령님이 이 모든 인간 기록자의 다양성을 활용하셔서 '오류가 없는 하나님의 말씀'을 만드셨다. 성경의 저자가 성령님이시기에 이 성경에 인간을 구원할 하나님의 지혜가 담겨 있고, 성경 말씀으로 말세에 있을 핍박과 속임수에서 하나님의 백성을 지킬 수 있다.

성경은 정확히 어떤 기능을 하는가? 성경은 교훈과 책망과 바르게 함과 의로 교육하기에 유익하다. 네비게이토 선교회에서는 이 부분을 성경의 네 가지 기능으로 다음과 같이 설명한다. 교훈은 성도가 걸어야 할 바른 길이 무엇인지 보여 주고, 책망은 어디에서 길을 벗어났는지를 가르쳐 준다. 바르게 함은 바른 길로 돌아가는 방법이 무엇인지를 보여 주고, 의로 교육함은 지속적으로 그 길을 걷는 방법을 보여 준다. 하나님이 성경을 통해 당신의 백성이 이 땅을 어떻게 살아야 하는지를 차근차근 면밀하게 가르치신다. 즉 어떤 길을 갈지, 길을 잃었음을 어떻게 알 수 있는지, 새로운 길을 어떻게 찾을 수 있는지, 계속해서 바른 길을 걷기 위해 필요한 것이 어떤 것인지를 성경이 다 말하고 있다.

우리는 종종 '하나님의 뜻'이 무엇인지 구한다. 그런데 많은 경우 하나님의 뜻은 밝히 드러나 있다. 신앙생활은 하나님의 비밀을 밝혀 가는 과정이 아니다. 하나님은 대부분의 것을 감추어 두셨고 우리가 신비한 방법으로 그것들을 찾아내는 과정이 아니다. 그렇기에 특별한 사람에게 특별한 깨달음이 있어 그에게 하나님의 뜻을 물어볼 필요가 없다. 기록된 말씀은 밝히 드러난 하나님의 뜻을 보여 주는 도구이다. 그러니 우리가 말씀을 붙드는 것은 당연한 일이다. 성경에 다 있다. 성경에 없는 것은 우리가 알아야 할 것이 아니다. 주님은 우리를 바르게 인도하기 위해 이미 말씀을 주셨고, 우리는 이 말씀을 부지런히 삶에 적용함으로, 주님이 원하시는 길을 걸어가면 된다.

그럼 성경을 따르면 어떤 결과가 있을까? 하나님의 사람으로 온전하게 되며, 선한 일을 행할 능력을 갖추게 된다. 하나님의 말씀을 잘 듣고 읽고 깨닫고 순종하며 걷는다고 해서 이 세상에서 부자가 되고 권력을 갖게 되고 건강하며 아무런 문제가 없는 삶이 되지 않는다. 하나님의 말씀을 따르면, 온전하게 된다. '온전'은 성숙이다. 하나님의 백성은 거듭남을 통해 태어난다. 갓 태어난 아기도 사람이라는 것에는 이의가 없다. 그러나 아기가 '사람 노릇'을 하려면 '성숙'이 필요하다. 하나님의 말씀이 인도하는 구체적인 길을 차근차근 걷는 하나님의 백성은 이 길에서 하나님의 백성으로 '성숙'하게 된다. 그리고 그 성숙한 자는 하나님이 원하시는 일, 즉 선한 일을 행할 수 있는 능력을 갖게 된다. 하나님의 말씀 없이, 성경 없이 성숙한 성도가 될 수 없고, 하나님이 기뻐하시는 선한 일을 할 수 없다.

말세의 고통하는 때, 바울이 디모데를 바라보면서 성경을 강조하고, 그 배우고 확신한 말씀 가운데 머물라고 한 이유가 바로 이것이다. 성경 없이, 말씀 없이 누구도 이 말세를 성도로 끝까지 살아 낼 수 있는 자는 없기 때문이다.

누가 말씀을 가르치는가?

지금까지 말세를 살아가는 성도에게 하나님의 말씀이 얼마나 중요한지, 그 말씀이 어떤 일을 하는지, 그리고 그 말씀을 붙들었을 때 어떤 변화가 일어나는지에 관하여 이야기하였다. 말세에 말씀이 없으면, 핍박에 무너지고 속임수에 넘어갈 수 밖에 없음을 강조하였다. 이것은 조금 더 좋은 신자가 되기 위해 필요한 것이 아니라 우리의 구원과 직결되는 문제라는 것도 기억해야 한다.

마지막으로, 바울은 디모데가 이 말씀을 누구에게 배웠는지를 말한다. 디모데는 이미 성인이 되기 전에 하나님의 말씀을 '배우고 확신'했다(14절). 디모데는 이 말씀을 '어려서부터' 배웠다(15절). 디모데가 어렸을 때, 누가 그에게 하나님의 말씀을 가르쳤을까? 누가 디모데에게 말씀을 가르쳐 주고 확신에 이르게 했을까?

> 나는 그대 속에 있는 거짓 없는 믿음을 기억합니다. 그 믿음은 먼저 그대의 외할머니 로이스와 어머니 유니게 속에 깃들여 있었는데, 그것이 그대 속에도 깃들여 있음을 나는 확신합니다(딤후 1:5).

디모데에게는 외할머니 로이스가 있었고 외할머니의 신앙을 닮은 어머니 유니게가 있었다. 디모데의 아버지는 헬라인이었고, 어머니만 유대인이었다. 그런 상황에서 어머니 유니게는 디모데에게 하나님의 말씀을 가르치고 믿음을 심어 주었다. 디모데는 외할머니와 어머니의 품에서 영원한 생명에 이르는 지혜를 말씀을 통해 배운 것이다.

잠언은 이렇게 말한다.

> 마땅히 걸어야 할 그 길을 아이에게 가르쳐라. 그러면 늙어서도 그 길을 떠나지 않는다(잠 22:6).

우리는 말세를 살고 있다. 지금 우리는 박해와 속임 앞에 그대로 노출된 듯, 날카로운 시선으로 교회와 성도를 바라보는 세상 속에 서 있다. 성도를 속여서 영원한 생명으로 가는 길에서 벗어나게 하려는 속이는 자들이 점점 악하고 교활해져 가고 있다. 우리는 그 속을 지나갈 것이다. 그리고 우리의 다음 세대와 자녀들도 어쩌면 우리가 겪었던 것보다 어려울 그 길을 걸어야 한다.

바울은 흔들리는 디모데를 바라보면서 배워서 굳게 믿는 그 진리 안에 머무르라고 말했다. 이미 경험한 그 진리, 이미 맛본 그 확신의 자리로 돌아가 그 자리를 지키라고 한다. 우리도 우리의 다음 세대에게 '그 지켜야 할 자리'를 만들어 주어야 한다. 수없이 흔들릴 것이다. 핍박을 경험할 것이다. 속이는 자의 속이는 말을 듣게 될 것이다. 디모데처럼 성도다운 삶을 포기해야 할 것 같은 시간도 있을 수 있다. 그러한 때를 살 다음 세대를 보며, 우리가 할 수 있는, 그리고 반드시 해야 하는 것이 무엇인지 생각해야 한다. 바로 이 자리를 만들어 주는 것이다. **그래서 부모이며, 어른인 우리는** 자녀와 다음 세대에게 그 위기의 시간에 돌아갈 곳, 머무를 곳, 확신했던 곳인 '하나님 말씀의 자리'를 만들어 주어야 한다.

먼저 자신에게 말씀으로 만들어진 '그 자리'가 있어야 한다. 혹시 지금 나에게 '그 자리'가 없다면 가장 먼저 해야 할 일이 나를 위해 그 자리를 만드는 것이다. 그리고 나에게 '그 자리'가 만들어져 있다면, 부모이며 어른인 나는 다음 세대가 '그 자리'로 돌아가 다시 시작할 수 있도록 그들에게 '말씀의 자리'를 만들어 주어야 한다.

나눔 질문

1. 마음을 여는 질문
지금 나에게는 신앙적으로 흔들릴 때 돌아갈 '확신의 자리'가 있는가? 그 자리는 무엇인가?

2. 본문 이해를 돕는 질문
1) 바울은 '말세'에 그리스도인들이 겪게 될 두 가지 어려움으로 무엇을 말했는가? (딤후 3:12-13)

2) 바울은 디모데에게 어떤 태도를 유지하라고 권면했으며, '그대가 배워서 굳게 믿는 진리'에 머물러야 하는 이유는 무엇이라고 했는가? (딤후 3:14-15)

3) 바울이 말하는 '성경의 역할'은 무엇이며, 성경이 성도에게 주는 궁극적인 영향은 무엇인가? (딤후 3:16-17)

4) 디모데가 '어려서부터 성경을 알았다'고 했을 때, 그의 신앙을 형성하는 데 중요한 역할을 했던 사람은 누구이며, 이는 오늘날 우리의 신앙 전수에 어떤 의미를 주는가? (딤후 1:5, 3:15)

3. 삶에 적용하는 질문
나는 성경을 진리로 확신하고, 그 말씀 안에 머물고 있는가? 그리고 다음 세대에게 돌아갈 '말씀의 자리'를 만들어 주기 위해 나는 어떤 노력을 하고 있는가?

●사사기 2장 6-10절

5장 '다른 세대'를 키우고 있나요?

먹고사는 문제 앞에서 세상의 방식을 거부해야 할 이유

'다음 세대 신앙 교육'을 주제로 말씀을 전할 때였다. 한 임산부 자매가 그 말씀을 들으면서 많이 회개했다고 고백을 했다. 아이를 갖기 전에도, 태중에 아기를 갖게 된 후에도 이 아기를 믿음으로, 말씀으로, 기도로 키워야겠다는 생각을 미처 하지 못했음을 깨달았기 때문이다. 그와 동시에 앞으로 이 아기를 어떻게 신앙으로 태교하고 양육할지를 고민하게 되었다고 했다.

몇 해 전 코로나 감염병의 시기를 보내면서 다음 세대를 위한 신앙 교육의 중심이 교회가 아니라 가정이어야 한다는 것에 대한 확신이 생겼다. 감염병의 시기에 교회들은 다양한 시도를 했다. 온라인 콘텐츠를 만들고, 메타버스를 활용하여 수련회를 하며, 줌을 활용해서 예배와 기도회, 책 모임과 같은 사역을 했다. 각 가정에서 할 수 있는 다양한 신앙활동 패키지를 만들어 온오프라인에서 할 수 있는 신앙 교육을 시도하기도 했다. 하지만 그 수고에 비해 결과는 미미했다. 다음 세대를 위한 신앙 교육을 하면서도 교회로 모이지 못하는 상황에서는 그 어떤 새로운 방법을 사용한다 할지라도 그것이 최선의 대안이 될 수 없다. 그래서 더욱 강조되는 것이 신앙을 가진 부모의 열심이다.

'다른 세대'라 불리는 이들이 등장하다

사사 시대의 출애굽 3세대에서 일어난 일이다. 출애굽 1세대는 모세와 함께 출애굽 할 때 성인이었던 세대이다. 이들은 열 가지 재앙을 목도하고, 홍해도 걸어 보았다. 광야 40년 동안 지켜 주시는 하나님의 은혜를 날마다 만나와 구름과 불로 경험하던 인생들이었다. 이들은 하나님에 관하여, 또 하나님이 자신에게 베푸신 은혜에 관하여 알고 누렸던 세대이다. 출애굽 2세대는 광야를 지나왔고 여호수아와 함께 가나안 백성과 전쟁을 치렀던 이들이다. 이들은 요단강이 멈추는 것을 보았고 여리고가 무너지는 것을 보았다. 하나님과 함께할 때 하나님이 앞서 싸우시는 것을 보았다. 본문에 등장하는 세대는 이 여호수아와 그 시대의 장로들이 죽은 후 이어지는 세대, 출애굽을 경험한 적이 없는 세대이다.

> 그 세대의 사람도 다 그 조상들에게로 돌아갔고 그 후에 일어난 다른 세대는 ⑴여호와를 알지 못하며 ⑵여호와께서 이스라엘을 위하여 행하신 일도 알지 못하였더라(삿 2:10, 개역개정).

개역개정 성경은 의도적으로 그 세대를 '다음 세대'라고 말하지 않고 '다른 세대'라고 표기한다. '다음'과 '다른'은 전혀 다른 뜻이다. 다음 세대는 기존 세대가 있고 그 세대를 이어받는 세대이다. 두 세대 사이에는 공통점이 있고 다음 세대는 그 공통점에서 조금 더 나아간 것이다. 그런데 '다른 세대'는 공통점보다는 차이점을 강조한 표현이다. 여호수아와 함께했던 출애굽 2세들이 죽은 후 일어난 세대는 이전 세대와 공통점보다는 차이점이 더 많은 세대였다.

어떤 차이가 있었을까? 10절은 두 가지에 관하여 '알지 못했다'고 말한다. 하나는 여호와를 알지 못한 것이고, 다른 하나는 여호와께서 이스라엘을 위하여 행하신 일을 알지 못한 것이다. 먼저 그 세대는 하나님에 관하여 알지 못했다. 이것은 객관적인 지식의 영역이다. 모세오경을 배우지 못했다는 것이다. 율법을 배우지 못했고, 율법과 성경 안에 있는 여호와 하나님에 대한 지식을 전수받지 못했다는 것이다. 다른 하나는 그들이 하나님이 이스라엘을 위해 하신 일들도 알지 못했다는 것이다. 이것은 하나님에 관한 주관적이고 경험적인 지식을 말한다.

다음 세대가 되었어야 할 이들이 다른 세대가 된 가장 큰 이유는 신앙의 뼈대인 하나님과 하나님이 우리에게 행하신 일에 관하여 알지 못했기 때문이다. 그들은 율법을 배우지 못했다. 부모 세대가 가르치지 않았기 때문이다. 그들은 하나님이 자신들의 민족 가운데 행하신 역사를 배우지 못했다. 들려주는 이가 없었던 것이다. 부모들은 그 하나님의 이야기들이 자녀들에게 별로 중요하지 않다고 생각했다. 왜 그렇게 생각했을까? 그 하나님 이야기보다 자녀들에게는 적실하게 도움이 되는 다른 이야기가 있다고 생각했기 때문이다.

복음이 수직으로 내려가다

신앙을 가진 우리는 '요즘과 같은 세상에서 어떻게 복음을 전할 수 있을까'를 고민해야 한다. 점점 기독교에 대한 사회적 이미지가 나빠지고 있는 이 시대 청년들과 청소년들은 자신이 그리스도인임을 밝히는 것을 두려워한다. 그들 주변의 또래 대부분이 기독교에 대해 부정적인 인식을 가지고 있기 때문이다. 이런 세대 속에서 그리스도께서 성도에게 주신 '복음을 전하는 삶'으로의 부르심에 우리는 어떻게 반응해야 할까?

먼저 '복음을 전한다'는 것을 두 가지로 나누어서 생각할 수 있다. 하나는 수평적 전도로, 일반적인 전도 또는 선교라고 할 수 있다. 나와 '같은 세대'에 있는 이들에게 복음을 전하는 것이다. 다른 하나는 수직적 전도이다. 우리와 같은 세대가 아니라 우리의 다음 세대, 그리고 또 그 다음 세대로 복음이 전해지는 것이다. 이것을 '전수'라고 부를 수 있다. 이런 복음 전수를 가장 잘 표현한 문장이 디모데후서 2장 2절이다.

> 그대가 많은 증인을 통하여 나에게서 들은 것을 믿음직한 사람들에게 전수하십시오. 그리하면 그들이 다른 사람들을 또한 가르칠 수 있을 것입니다.

여기에는 복음이 전해지는 '복음의 4대'가 등장한다. 바울이 디모데에게 하는 명령인데, 그 핵심은 '복음을 믿음직한(충성된) 사람들에게 부탁하라!'는 것이다. 바울이 디모데에게 복음을 전했다. 디모데는 이 복음을 믿음직한 사람들에게 전해야 한다. 그렇게 되면 그 믿음직한 사람들은 다른 사람들을 또한 가르칠 수 있게 된다. 복음은 그렇게 대를 이어 전해져야 하며, 그것이 자신의 생명이 얼마 남지 않았음을 알고 있던 바울이 가장 원했던 신앙의 전수였다.

예수 믿고 나만 잘살면 될까? 절대 그렇지 않다. 하나님의 부르심을 입은 자들은 자동적으로 '복음을 전하는 자'로도 부르심을 받게 된다. 예수님을 믿는 자는 다 예수님을 전하는 자가 되어야 한다는 것이다. 내 주변에 있는 이들, 특별히 내가 가장 사랑하는 이들에게 이 복음을 전하지 않는 일은 불가능하다는 말이다. 본문을 보면 그 불가능한 일이 일어났다. 자기들은 믿음이 있고, 하나님에 관하여 알고 있고, 하나님이 자신들을 위해 어떤 일을 하셨는지에 대한 감사와 감격도 있다. 그런데 그 엄청난 지식을 자녀들과 다음 세대에게 들려주고 가르치지 않았다. 복음은 전수되지 않았고 그 결과 하나님도, 하나님의 일도 알지 못하는 이전과는 전혀 다른 세대가 등장해 버렸다.

비슷한 일이 지금 이 한국 교회에서도 일어나고 있다. 우리의 조부모님들이 사셨던 때와 부모님이 사셨던 때, 그리고 그분들이 알고 경험하는 하나님에 대한 고백과 하나님에 대한 우리의 고백이 너무나 다르다. 그리고 우리 자녀들의 하나님에 대한 고백 또한 완전히 다르다. 하나님 말씀에 대한 순종과 신앙의 열심만 가지고 본다면 그 수준이 점점 떨어지고 있는 것이 아닌가 하는 생각이 든다. 과연 우리 자녀들, 우리 다음 세대들의 신앙이 우리나 우리 부모님들의 신앙보다 나은 신앙이 될 수 있을까? 아니면 그 반대가 될 수도 있을까?

다음 세대가 등장하는 사건이 일어나다

우리는 이스라엘이 왜 신앙 전수에 실패했는지를 확인해야 한다. 그런데 본문만 봐서는 쉽게 답을 찾을 수가 없다. 이런저런 상상을 해 볼 수는 있다. '당시 책이 없어서 율법이 전해지기 어려웠다. 광야를 통과하는 중이었고 가나안과의 전쟁이 있었다. 이런 긴박한 사건들 때문에 자녀들의 신앙 교육까지 신경 쓸 겨를이 없었을 것이다.' 이런 상상이다. 일리 있는 말이지만, 그렇게 상상력만을 가지고 해석하면 안 되고 전후 문맥 안에서 본문을 보아야 한다. 앞 문맥에 해당하는 1-5절에는 아주 특별한 사건에 대한 기록이 있다. '보김의 통곡'이라고 불리는 사건이다.

주님의 천사가 길갈에서 보김으로 올라와서 이렇게 말하였다. "나는 너희를 이집트에서 이끌어 내었고, 또 너희 조상에게 맹세한 이 땅으로 너희를 들어오게 하였다. 내가 너희에게 말하기를 '나는 너희와 맺은 언약을 영원히 깨뜨리지 않을 것이니, 너희는 이 땅의 주민과 언약을 맺지 말고, 그들의 단을 헐어야 한다' 하였다. 그러나 너희는 나의 말에 순종하지 않았다. 너희가 어찌하여 이런 일을 하였느냐? 내가 다시 말하여 둔다. 나는 그들을 너희 앞에서 몰아내지 않겠다. 그들은 결국 너희를 찌르는 가시가 되고, 그들의 신들은 너희에게, 우상을 숭배할 수밖에 없도록 옭아매는 올무가 될 것이다."

> 주님의 천사가 온 이스라엘에게 이 말을 하였을 때에, 백성들은 큰소리로 울었다. 그래서 그들이 그 장소의 이름을 보김이라 부르고, 거기에서 주님께 제사를 드렸다(삿 2:1-5).

가나안 정복 전쟁이 일단락되었다. 이스라엘은 더 이상 가나안에 있는 주민들을 몰아내지 않았다. 더 필요하지 않을 만큼 땅을 차지했고, 이제는 그들과 평화롭게 공존하는 것이 더 이익이라는 생각 때문이었다. 그래서 그들은 그 땅의 주민들과 언약을 맺고 서로의 존재를 인정하면서 함께 살아가는 길을 찾았다. 그런데 그 상황에서 하나님이 보내신 여호와의 천사(사자)가 길갈에서 보김으로 올라온다. 그리고 이스라엘 백성을 향해 그들이 언약을 어겼음을 책망했다. 그 결과가 4-5절의 내용이다. 그들은 소리 높여 울었고, 그곳을 보김이라 하였고, 거기에서 여호와께 제사를 드렸다. 이스라엘 백성이 울면서 제사를 드렸던 사건이 바로 '보김의 통곡' 사건이다. 그리고 그 사건에 이어 '다른 세대'에 대한 본문이 나온다.

'다른 세대'의 등장이 '보김의 통곡' 사건의 결과라는 의미다. '보김'은 복수 능동태로 '통곡하는 사람들'을 의미한다. 엄청나게 많은 사람이 모여, 엄청난 소리로 울었던 사건이 있었다는 것이다. 그런데 그 사건 이후에 곧바로 하나님에 대해서도, 하나님의 역사에 대해서도 알지 못하는 '다른 세대'가 등장했다.

반쪽 회개가 일어나다

하나님이 사자를 보내 성도의 죄를 책망하셨다. 성도가 그 죄를 깨닫고 하나님에게 나아가 자신의 죄로 말미암아 탄식하고 통곡하며 울었다. 그 울음은 한두 사람의 울음이 아니라 집단적인 것이었다. 많은 사람이 한자리에 모여 자신의 죄 때문에 울었다. 그리고 그 자리에 모여 하나님에게 자신의 죄를 용서해 달라는 의미의 제단, 거룩한 예배까지 드렸다. 그 정도면 된 거 아닐까? 그 정도까지 했으면 하나님이 용서해 주셔야 하는 게 아닐까? 그리고 그런 회개를 하는 이전 세대의 모습을 봤으면 다음 세대가 그 신앙을 물려받아야 하지 않을까?

바로 여기에 함정이 있다. 하나님은 그 '보김의 통곡'을 진짜 회개로 인정하지 않으셨다. 왜일까? 이스라엘 백성은 엄청나게 울었고, 엄청난 예배를 드렸다. 그러나 그 후에도 여전히 그들은 가나안 주민들과 공존하며 살았고, 가나안 신들에게 절하며 그들의 풍습을 따라 살았다.

분명 이스라엘은 여호와의 사자가 한 책망을 듣고 슬피 울며 거룩해 보이는 예배를 드렸다. 여기까지만 보면 그들은 회개한 것 같았다. 하나님은 그들을 용서하실 것 같았다. 하지만 그 후 이어지는 그들의 삶은 이전과 같았다. 아무것도 바꾸지 않았다. 가나안에서 만든 가나안 신들과 연결된 달력을 사용하여 농사를 지으며 여호와 하나님과 바알들을 함께 섬기는 삶을 이어 갔다.

이것이 그들만의 이야기일까? 아니다. 바로 우리 이야기이기도 하다. 우리도 말씀을 듣고 은혜를 받는다. 우리도 때로 하나님의 책망을 듣고 양심의 가책을 느낀다. 어느 때는 우리도 통곡하며 울기도 한다. 우리 자녀들과 다음 세대를 믿음으로, 신앙으로 양육하고 교육해야겠다고 결단하기도 한다. 가정 예배를 계획해 보기도 하고 다음 세대를 위한 성경 공부 교재를 구입하기도 하며 얼마간 아이들과 신앙을 위해 프로그램을 진행해 보기도 한다. 그런데 모든 가정에서의 신앙 훈련이 끝나는 날이 온다. 입시다. 입시에 대한 부담이 생기기 시작하면 모든 가정에서의 신앙 교육이 멈춘다. 왜 그럴까? 아이들의 입시는, 아이들이 들어가야 하는 대학교는 기독교보다 훨씬 강한 종교이기 때문이다. 자녀들의 시험 기간이 되면, 다른 아이들이 어떻게 시험을 대비하고 있는지를 들으면서, 신앙으로 한 결단이 흔들린다. 이전에 분명 감동이 있었고 울기도 했고 하나님에게 서원 기도도 했다. 그러나 현실 앞에 섰을 때, 막상 내 자녀 앞에 섰을 때, 우리는 하나님의 기준이 아니라 세상의 기준으로 키우고 가르치고 조언했다.

청년부 전담 사역을 할 당시, 신앙을 가진 부모님이 대학에 가서 교회에 출석하지 않는 자녀들을 데리고 와 신앙 상담을 요청하는 경우가 있었다. 그때 만났던 한 청년의 말을 잊을 수가 없다. "저는 제 부모님의 신앙이 좋은 줄 알았습니다. 그런데 제가 고3이 되었을 때, 부모님은 저에게 교회에 출석하지 말고 학원에 가라고 했습니다. 지금은 교회에 가서 예배를 드릴 때가 아니라고 하셨습니다. 그리고 저는 제 인생에서 가장 힘들었던 그 시간, 하나님이 없어도 아무 문제가 없다는 것을 경험했습니다. 그래서 저는 지금 굳이 교회에 가야 할 이유를 모르겠습니다."

이스라엘의 기존 세대는 보김에서 울었고 보김에서 제사를 드렸다. 그러나 그들은 그 보김에서 내려온 후에 아무것도 바꾸지 않았다. 그들의 회개는 감정적이고 종교적인 것이었을 뿐 그들의 삶의 방향을 바꾼 것이 아니었다. 그리고 일상을 바꾸지 않는 부모 세대를 보고 있던 자녀 세대는 점점 다른 세대가 되어 갔다. 구약 성경 어디에도 '보김'이라는 지명이 다시 등장하지 않는다. 길갈도 벧엘도 계속 성경에 등장하는 지명들인데 '보김'은 다시 등장하지 않는다. 왜일까? 그냥 울고 그냥 예배 한번 드리고 내려가 버린 '거짓 회개'의 장소, 아무런 영향력도, 변화도 만들어 내지 못한 쓸모없는 통곡의 장소일 뿐이기 때문이다.

먹고살기 위해 세상에 절하다

한국 교회에는 매주 은혜를 받았다는 이들이 많고, 열정적으로 기도하고 찬양하며, 설교와 기도 시간에 우는 성도가 많다. 세계적으로 유래가 없을 만큼 여러 종류의 예배를 가지고 있기도 하다. 예배 횟수도, 교회에 대한 열심도, 선교와 헌금도 어느 나라 교회와 비교했을 때 결코 부족하지 않다. 그런데 그런 한국 교회가 지금 다음 세대를 잃어 가고 있다. 다음 세대가 아니라 다른 세대로 우리의 자녀들을 키워 버렸다.

하나님을 아는 지식과 그 하나님이 우리 삶 가운데 일하신 역사에 대한 경험을 우리 삶의 열매로 만들어 내지 못했고, 우리 성품의 열매로 드러내지 못했고, 우리의 사랑하는 자녀들을 양육하는 것을 우리 삶의 중심에 두지 않았기 때문이다. 그 결과 가장 가까운 데 있는 자녀들이 보기에 부모의 신앙이 실체가 없었던 것이다.

왜 이렇게 되었을까? 그것은 보김에서 그토록 뜨겁게 울며 예배했던 이스라엘 백성과 같은 이유이다. '먹고살아야 했기 때문'이다.

이후 펼쳐지는 다른 세대의 삶을 보면, 그들은 바알 신들을 섬기고 주님이 보시기에 악한 행동을 일삼았으며, 이집트 땅에서 그들을 이끌어 내신 조상의 하나님을 저버렸다. 또한 주위의 백성이 섬기는 다른 신들을 따르고 경배하였다. 결국 그들은 주님을 진노하시게 하였다.

이스라엘은 신(바알)을 섬겼다고 하지 않고 '신(바알)들을 섬겼다'고 복수로 쓰고 있다. 또 12절을 보아도 "주위의 백성들이 섬기는 다른 신들을 따르며 경배"한다고 되어 있다. 유일신을 섬겼던 이스라엘이 다신교인들이 되었다. 농사를 지어야 했기 때문이다. 이스라엘 민족은 원래부터 목축을 주업으로 했다. 애굽에서도 고센 지역에서 목축을 했고, 광야 40년 동안에도 그들은 작물을 기를 수 없는 환경에 놓여 있었다. 그런 그들이 가나안 땅을 갖게 되어 이제 농사를 지어야 했기에 그 땅의 백성에게 농사 기술을 배울 수밖에 없었다. 그들에게는 농사를 짓기 위한 '농력'이 필요했다. 그런데 대부분의 농력이 그러하듯 가나안의 농력도 가나안의 신들을 숭배하는 것과 연결되어 있었다. 가나안에 정착한 이스라엘은 전쟁을 그치고 가나안의 농력과 농사 기술을 배우는 과정에서 가나안 신들도 섬기게 된 것이다. 쉽게 말하면, 그들은 '먹고살기 위해서' 세상에 절을 했다. 더 많이 먹고 더 편하게 살려면 세상이 말하는 방식대로 살아야 한다고 생각한 것이다.

한번 해 보니까 말씀대로 믿음대로 사는 것보다 세상이 말하는 대로 사는 것이 훨씬 편했고, 예측 가능한 결과를 얻을 수 있었다. 믿음으로 자녀를 키우는 것보다 입시 설명회에서 배운 대로 자녀를 키울 때 훨씬 덜 불안했다. 하나님과 하나님이 하신 일에 대해 내가 들려주려면 힘이 드는데, 스마트폰으로 동영상을 틀어 주면 알아서 잘 놀고, 나는 내 시간을 가질 수 있었다. 우리는 나름 최선을 다했다. 우리는 나쁜 부모나 나쁜 어른은 아닌 것 같다. 그러나 그 결과, 하나님도 모르고 하나님의 역사하심도 모르는 다른 세대로 우리의 다음 세대를 키워 버린 것이다.

> 이집트 땅에서 그들을 이끌어 내신 주 조상의 하나님을 저버리고, 주위의 백성들이 섬기는 다른 신들을 따르며 경배하여, 주님을 진노하시게 하였다(삿 2:12).

다른 세대는 주위의 신들을 섬기며 가나안의 방식대로 농사하며 살아가는 이들이 되었다. 결과는 하나님의 진노였다. 14, 15절에서 그들은 여호와 하나님에 의해 노략하는 자들에게 넘겨지고 대적에게 팔린다. 재앙을 경험하며, 괴로움을 당하는 인생이 된다.

잠깐은 다른 사람들처럼, 비신자들처럼 사는 것이 빠르고 쉬운 것 같았다. 그러나 그 결국은 하나님이 백성을 향해 진노하시고, 백성은 하나님의 손에 맞게 되었다. 하나님의 백성, 언약의 자손들이 그렇게 세상 속에서 만족하다 죽는 것을 하나님은 원하지 않으신다. 하나님은 구원자를 보내셔서 결국에는 또 그들을 살리는 일을 행하실 것이다. 그러나 그 성도는 자신의 인생에서 굳이 당하지 않아도 될 고난과 괴로움 속을 걷게 될 것이다.

그럼 신앙을 가진 부모이며 어른인 우리는 무엇을 해야 할까? 먼저 보김에서 슬피 울어야 한다. 최선을 다해 다시 예배의 자리에 나가야 한다. 하나님과 그분이 행하신 일에 관하여 배우고 생각해야 한다. 그리고 절대 여기서 멈춰서는 안 된다. 다음으로 넘어가 다음 세대들과 함께 살아가는 일상에서 그 보김의 마음과 결단을 지키며 살아야 한다. 일상의 삶이 예배가 되게 해야 한다. 삶의 다양한 선택의 순간에서 하나님에게 받은 것들로 선택하는 모습을 보여야 한다. 누구에게? 우리 다음 세대들 앞에서. 세상처럼 세상의 방법으로 살고 싶어지는 그 순간, 하나님의 방식으로 선택함으로써 나의 신앙을 우리

아이들의 눈앞에서 증명해야 한다.

부모이자 어른으로서 우리는 일상 속 선택의 순간들을 통해 예수를 믿는다는 것이 어떤 것인지를 자녀와 다음 세대에게 보여 주는 삶을 살아야 한다. 그들이 우리의 선택을 보며 신앙의 실체를 경험할 수 있도록 말이다. 보김의 통곡이 보김 아래에서의 삶이 되어 드러날 때, 우리의 다른 세대들은 우리 삶을 통해 다시 다음 세대가 되어 줄 것이다.

나눔 질문

1. 마음을 여는 질문

다음 세대가 신앙을 잃지 않고 계속해서 하나님을 따를 수 있도록 나는 어떤 노력을 하고 있는가?

2. 본문 이해를 돕는 질문

1) 여호수아와 그의 세대가 살아 있을 때 이스라엘 백성의 신앙 상태는 어땠으며, 그 세대가 죽은 후에는 어떤 변화가 일어났는가? (삿 2:7, 10)

2) 본문에 등장하는 '다른 세대'가 이전 세대와 다른 점은 무엇이며, '다음 세대'가 아니라 '다른 세대'로 불린 이유는 무엇인가? (삿 2:10)

3) '보김의 통곡' 사건에서 이스라엘 백성은 어떤 결단을 했고, 그들의 반응은 왜 온전한 회개가 되지 못했는가? (삿 2:1-5)

4) 이스라엘 백성은 왜 가나안 신들을 섬기게 되었으며, 그들이 신앙을 타협한 이유는 무엇인가? (삿 2:11-13)

3. 삶에 적용하는 질문

나는 신앙을 다음 세대에게 전수하는 일에서 말뿐만이 아니라 삶의 선택을 통해 본을 보이고 있는가? 나의 일상의 선택을 통해 다음 세대에게 신앙을 경험하게 해 줄 수 있는 구체적인 실천은 무엇인가?

● 창세기 50장 4-14, 22-26절

6장 꿈과 사명을 이어 가는 사람

세상이 이해할 수 없는 사람이 되어야 할 이유

성도는 하나님에게 종종 "지금 나에게 무엇을 원하십니까?"라고 질문한다. '하나님의 인도'를 구하는 질문이다. 우리 삶은 온통 선택이고, 그 선택의 순간에 내가 모든 정보를 가지고 있기란 불가능하다. 학교, 직장, 배우자, 가정, 교육, 거주지, 교회 등등 우리는 늘 수많은 선택을 하며 산다. 성도라면 하나님이 원하시는 선택이 무엇일지 당연히 궁금해한다. 그러나 이 하나님의 인도를 구하는 것에 대해 양극단이 존재한다. 하나는 우리가 하는 모든 일을 하나님에게 묻고 들어야 한다는 입장이고, 다른 하나는 하나님이 우리 인생 대부분에 간섭하지 않으신다는 입장이다.

대학 친구 중 '하나님에게 모든 것을 묻고 그 뜻에 순종해야 한다'는 생각을 가진 친구가 있었다. 매일 아침 세수를 한 다음 '하나님, 오늘은 면도를 해야 할까요?', 식당에서 메뉴판을 보며 '하나님, 오늘은 뭘 먹을까요?'라고 묻는 식이었다. 이와 상반된 입장을 가진 친구도 있었다. 하나님이 우리를 믿으시기 때문에 우리가 생각하기에 최선이 곧 '하나님의 뜻'이라는 입장이다. 그 친구는 하나님에게 뭔가를 묻는 경우가 없었다. 심지어 직장을 구하거나 결혼을 전제로 한 이성 교제를 시작할 때도 진지하게 하나님에게 묻지 않았다. 그의 삶은 하나님이 없어도 전혀 문제가 될 것 같아 보이지 않았다. 그는 거의 기도하지 않았다.

나는 이 둘 사이 어디쯤에 있는 것 같다. 나는 일상의 세세한 것들에 관해서는 하나님의 인도를 구하지 않는다. 세수를 하면 무의식적으로 그냥 면도를 한다. 식당에 가면 내가 먹고 싶은 것을 먹지 굳이 하나님의 인도를 구하지 않는다. 하루의 일정에 관하여 기도는 하지만, 굳이 이 일정 하나하나가 하나님의 뜻인지 묻지는 않는다. 나는 하나님이 주신 자유 의지를 가지고 이런 부분에 관해서는 하나님에게 묻지 않고 마음이 가는 대로 선택한다. 그러나 중대한 문제라고 여겨지는 것들에 관해서는 진지하게 하나님의 뜻을 구한다. 하나님의 명확한 뜻이 드러나지 않는 경우라 할지라도 최선을 다해 나의 선택의 근거가 하나님의 뜻 아래 있는지를 묻는다. 때로는 하나님의 사인을 기다리기도 한다.

누구에게나 여행의 '종착지'가 있다

내 생각에 하나님은 일상의 세세한 부분에 관해서는 사랑하는 우리에게 거의 위임하셨다고 본다. 하나님이 내게 주신 자유 의지를 가지고 최선을 다해 고민하고 결정하고 살아가면 되는 것이다. 그럼 언제 하나님에게 뜻을 구해야 할까? 인생의 중대한 문제 앞에서는 반드시 하나님의 뜻을 구해야 한다. 물론 하나님의 인도하심을 순간순간 물으며 사는 성도의 삶도 의미가 있다. 그러나 하나님은 하루하루 살아야 할 방식보다는, 조금 더 큰, 그리고 조금 더 먼 목표를 보이심으로 인도하신다고 믿는다. 하루하루의 삶은 다양하지만, 그렇게 살아 낸 하루와 하루가 모여 쌓인 우리 삶 전체는 한 방향을 향해야 하기 때문이다.

일례로 출애굽 한 이스라엘 백성을 생각해 보자. 그들은 날마다 그들의 길을 인도하시는 하나님의 불 기둥과 구름 기둥을 보며 걸었다. 하루하루는 예측할 수 없는 구름을 따라 걷는 불안한 삶의 연속이었다. 이 백성은 매일 구름의 인도를 받았지만, 그들이 하는 여행의 '종착지'는 분명했다. '약속의 땅 가나안'이 바로 그 목적지였다. 그들은 모두 하나님이 약속하신 땅, 젖과 꿀이 흐르는 가나안 땅을 향한 여정임을 항상 기억하고 있었다. 매일 걸어야 할 길은 알 수 없었지만, 결국에 도착해야 하는 곳이 어디인지는 정확하게 알고 있었다는 말이다.

성도의 삶에는 '목표'가 있고 '큰 그림'이 있다. 이것은 공동체적으로 주어지기도 하고, 개인에게 주어지기도 한다. 각각의 공동체와 개인에게는 하나님이 맡기신 사명, 즉 유업이 존재한다. 개인에게는 주님이 허락하시는 비전의 형태로, 사명과 소명의 형태로 하나님의 계획이 있다. 공동체적으로도 하나님이 이 공동체를 통해서 이루고 싶어 하시는 꿈이 있다. 직업이나 진로나 어떤 프로그램을 말하는 것이 아니다. 그보다 근원적인 무엇인가가 있다. 이번 장에서는 신앙을 가진 부모이자 어른인 우리가 자녀들과 다음 세대에게 반드시 알려 주어야 하는 성도의 중심, 영원한 하나님 나라에 대한 이야기를 해 보려 한다.

야곱, 막벨라 굴에 묻히다

본문은 창세기 전체의 결론에 해당한다. 그런데 이 창세기의 마지막 장은 실망감을 안겨 주기도 한다. 창세기가 어떤 책인가? '세상의 시작'에 대한 책이다. "태초에 하나님이 천지를 창조하셨다!"(창 1:1)라는 위대한 문구로 시작된다. 그런데 그렇게 멋지게 시작한 창세기의 결말은 너무나 초라하다. 두 족장의 죽음과 그들의 매장 내용이기 때문이다. 창세기의 저자이신 하나님은 왜 이 책의 마지막 장에 이 초라해 보이는 이야기를 넣으셨을까?

4-14절은 야곱의 매장과 관련된 내용이다. 야곱은 요셉에게 유언을 하는데, "내 무덤은 반드시 가나안 땅, 우리 아버지와 할아버지의 뼈가 있는 선산에 묻어 달라"는 내용이었다. 자신의 죽음의 시간이 가까이 다가온다는 사실을 인지하면 남겨질 가족에게 하고 싶은 말이 얼마나 많을까? 그런데 야곱은 요셉에게 맹세까지 시켜 가며 기껏 "가나안 땅에 자신을 묻어 달라"는 유언을 남겼다.

> 우리 아버지가 운명하시면서 '내가 죽거든, 내가 가나안 땅에다가 준비하여 둔 묘실이 있으니, 거기에 나를 묻어라' 하시고,

> 우리 아버지가 나에게 맹세하라고 하셔서, 내가 그렇게 하겠다고 맹세하였소. 내가 올라가서 아버지를 장사지내고 올 수 있도록, 허락을 받아 주시오. 요셉이 이렇게 간청하니, 고인이 맹세시킨 대로, 올라가서 선친을 장사지내도록 하라는 바로의 허락이 내렸다(창 50:5-6).

5, 6절은 요셉이 바로에게 하는 말로, 자신은 아버지를 반드시 가나안 땅에 매장하러 다녀와야겠다는 내용이다. 요셉은 '맹세'라는 말을 반복하며 야곱이 한 유언의 무게가 얼마나 무거운지를 밝힌다. 결국 요셉은 형제들을 데리고 얼마간 애굽을 떠나 가나안 땅에 간다. 그리고 아브라함이 사서 가문의 매장지로 삼은 '막벨라 굴'까지 가서 그곳에 아버지 야곱의 시신을 매장하고 돌아온다.

애굽에서 가나안의 세겜까지 시신을 옮기는 과정은 몇 개월이 걸리는 일이었다. 이것은 후손들에게 무리가 되는 일이다. 야곱은 왜 이런 유언을 남겼을까? 그저 고향 땅 선산에 묻히고 싶기 때문이었을까? 애굽은 당시 장례 문화에 있어서 세계 최고였다. 그들은 죽은 자를 위해 거대한 피라미드를 지었다. 야곱은 애굽의 2인자인 총리 요셉의 아버지이다. 가장 화려한 애굽식 장례를 치를 수 있었다. 그런데 야곱은 애굽에서의 장례를 원하지 않았다. 자기는 죽어서라도 반드시 고향에 가야 하고, 고향 땅에 있는 선산, 아브라함이 값 주고 산 '막벨라 굴'에 묻혀야 한다고 주장한다. 왜일까? 그것이 야곱이 평생을 통해 알게 된, 하나님이 자기에게 맡기신 '사명'이기 때문이다.

야곱은 마음에 품은, 생애 전체를 관통하는 하나의 목표를 가지고 있었다. 하나님이 자신의 아버지와 또 할아버지에게 주셨던 '명령과 약속'이다. 가나안 땅과 그 땅에서 일어날 하나님의 백성과 그 땅에 나타날 하나님의 통치에 대한 비전이다. 바로 '하나님 나라'다. 그래서 그는 자신의 생의 마지막에 해야 할 일이 무엇인지 생각했고, 자신의 시체를 가지고 할 수 있는 일이 무엇인지를 찾은 것이다. 그것은 바로 후손들로 하여금 '자신의 시신을 들고 믿음의 선조들의 무덤에 찾아가게 하는 것'이었다.

그는 자신의 장례 절차를 통해 후손들에게 우리 가문을 향한 하나님의 뜻을 가르치고 싶었다. 그래서 할아버지인 아브라함이 430년 후에 돌아올 후손들을 위한 이정표로 가나안 땅에 만든 가족 무덤 막벨라 굴, 거기에 자신의 시체를 묻으라고 한 것이다. 자신의 시체를 매장하는 과정을 통해 후손들에게 '우리가 돌아가야 할 땅이 어디인지'를 가르쳐 주고 싶었던 것이다. "후손들아, 우리는 이 애굽에서 영원토록 살 사람들이 아니다. 애굽은 잠시 머물 임시 거처다. 언제가 우리는 이 애굽을 나와야 한다. 우리의 본향은 가나안 땅이고, 아브라함과 이삭과 나 야곱의 시체가 있는 바로 이 땅으로 돌아와야 한다." 이것이 야곱 자신의 생명으로 외친 마지막 설교였다.

요셉이 유언을 남기다

중간에 요셉과 형들의 대화가 나온 후 갑작스럽게 요셉의 죽음이 나온다. 요셉은 젊어서 고생을 해서인지 110세에 요절(?) 한다. 형들 중에 하나도 죽은 이가 없는데 열한 번째 동생이 가장 먼저 죽는 것이다. 그는 이러한 유언을 남긴다

> 요셉이 자기 친족들에게 말하였다. "나는 곧 죽는다. 그러나 하나님께서 반드시 너희를 돌보시고, 너희를 이 땅에서 인도하여 내셔서, 아브라함과 이삭과 야곱에게 맹세하신 땅에 이르게 하실 것이다." 요셉은 이스라엘 자손에게 맹세를 시키면서 일렀다. "하나님께서 반드시 너희를 돌보실 날이 온다. 그 때에 너희는 나의 뼈를 이곳에서 옮겨서, 그리로 가지고 가야

한다"(창 50:24-25).

야곱의 매장(5, 6절) 부분에서 나왔던 '맹세'라는 단어가 24, 25절에 각각 한 번씩, 총 두 번 등장한다. '맹세'라는 단어로 창세기 마지막 장인 50장이 둘러싸여 있다. 요셉이 후손들에게 남기는 유언의 내용은 세 가지다. "1) 나는 이제 죽는다. 2) 그러나 하나님이 반드시 우리 백성을 이곳에서 끌어 내어 약속의 땅으로 돌아가게 하시는 날이 올 것이다. 3) 그때 너희는 내 해골을 메고 올라가라."

요셉은 자신이 애굽 땅에서 죽고 그곳에 묻힐 수밖에 없는 상황이 아쉬웠다. 요셉에게는 간절히 보고 싶은 것이 있었지만, 그것을 볼 수 없었다. 그는 무언가를 간절히 기다렸지만, 110년을 사는 동안 그 기다림의 결과를 보지 못했다. 그는 모든 것을 가진 사람이었고, 제국 애굽에서 '일인지하 만인지상'을 누린 사람이었다. 하지만 죽어 가는 이 시간에 너무나 아쉬워 눈을 감을 수 없었다. 평생 자신이 간절히 바라던 그 소원이 이루어지지 않았기 때문이다. 그 소원은, 하나님이 자신의 백성에게 했던 약속을 성취하시는 것이었다. 하나님이 요셉과 하나님의 백성을 이 애굽 땅에서 이끌어 내어 약속의 땅으로 돌아가게 하시는 모습을 보는 것이었다. 요셉은 자신의 생명이 끝나는 순간 이 하나님의 약속이 성취되지 않아서 자신이 생전에 그 장면을 보지 못한 것이 무척 아쉬었던 것이다.

그러나 요셉은 자신의 마지막 시간을 탄식으로만 끝내지 않았다. 그는 유언을 이어 가며 하나님의 약속을 다시 한번 후손들에게 확인시키고, 하나님이 약속을 지키시는 날에 자신을 위해 해 줄 일을 후손들에게 소원으로 남긴다. "사랑하는 자녀들아, 언제인가 분명 하나님이 우리 백성을 돌아보실 거란다. 분명히 하나님이 정하신 때가 되면 하나님이 우리를 돌아보실 것이고 그날에, 하나님은 우리를 이 애굽 땅에서 이끌어 내어 아브라함과 이삭과 야곱에게 약속하신 젖과 꿀이 흐르는 가나안 땅으로 돌아가게 하실 거란다. 아들아, 너는 나에게 맹세하거라. 그때 그 놀랍고 위대한 하나님의 약속이 성취되는 날, 너희는 내 무덤을 파서 나 요셉의 해골을 챙겨 올라가거라."

창세기 전체의 마지막 구절을 읽다 보면 당황하는 이들이 많을 것이다.

> 요셉이 백열 살에 세상을 떠나니, 사람들은 그의 시신에 방부제 향 재료를 넣은 다음에, 이집트에서 그를 입관하였다(창 50:26).

보통은 이렇게 끝나는 법이 없다. 같은 장의 앞부분에서 야곱이 죽었을 때 기록된 내용만 보아도 그렇다. 40일 동안 장례 준비를 했고, 70일 동안 장례 절차를 밟았으며, 7일 동안 문고 함께 슬퍼하며 울고, 애굽으로 돌아왔다고 야곱의 장례에 대한 기사를 마무리했다.

애굽과 그 가정의 구원자인 요셉의 죽음이라면 화려한 장례 절차가 나올 법도 한데 그렇지가 않았다. 화려함은커녕 아무것도 없다. 딱 한 줄, 요셉의 시신에 향 재료를 넣고 애굽에서 입관했다는 내용만 쓰여 있다. 보통 장례 절차는 '입관, 발인, 하관' 순서로 이루어진다. 입관은 이제 장례를 치르기 시작했다는 것이지, 장례가 끝났다는 의미가 아니다. 창세기는 요셉의 장례식이 시작된 것을 마지막 문장으로 하여 특이하게 마무리되고 있다.

입관은 '관 뚜껑 닫았다'라는 뜻이다. 그런데 그 이후에 매장 절차가 나오지 않는다. 요셉은 애굽에서의 온전한 자신의 장례를 원하지 않았기 때문이다. 그는 자신의 무덤을 애굽 땅에 갖기를 원하지 않았다. 그는 피라미드에 들어갈 수 있었지만 거절했다. 이스라엘이 구원을 받는 날 자신도 그 후손들의 어깨를 타고 '약속의 땅 가나안'으로 돌아가고 싶었기 때문이다. 요셉은 이렇게 자신의 피라미드를 만들지 않음으로, 언제든 옮길 수 있는 형태로 자신의 뼈를 남겨 놓음으로, 자신에게 주어진 약속, 사명, 비전을 진행형으로 이어 가고 있는 것이다.

이것은 요셉이 자신의 시체로 하는 마지막 설교다. "애굽은 우리 땅이 아니다. 우리는 반드시 애굽을 떠날 것이다. 우리에게는 더 나은 본향이 있다. 절대 애굽의 풍요에 취하지 말라. 절대 애굽에 정들지 말라. 내 뼈와 해골을 기억하라. 나는 눈 없는 눈으로 너희를 보고 있다. 제발 '그날' 내 뼈를 챙겨라! 그 영원한 성도의 본향에 들어가는 날, 눈깔 없는 이 눈으로 너희와 함께 그 땅을 보며 기뻐할 수 있게 해 주렴!"

유언이 성취되다

요셉의 유언은 어떻게 되었을까? 성경은 그것이 온전하게 성취되었음을 말한다. 물론 생각했던 것보다 조금 더 걸렸다. 400여 년이 지난 후 모세에 의해 성취되었다.

> 모세는 요셉의 유골을 가지고 나왔다. 요셉이 이스라엘 자손에게 엄숙히 맹세까지 하게 하며 "하나님이 틀림없이 너희를 찾아오실 터이니, 그때에 너희는 여기에서 나의 유골을 가지

고 나가거라" 하고 말하였기 때문이다(출 13:19).

모세는 레위 지파로, 요셉의 유골을 보관하던 므낫세 지파가 아니었다. 그런데 출애굽 과정에서 모세는 요셉의 해골을 챙기고 있다. 요셉의 유언을 출애굽의 지도자 모세가 이어 가고 있는 것이다. 모세는 요셉의 비전과 사명을 이어 가는 사람이고, 출애굽의 지도자가 되어 있었다.

그렇다면 요셉의 장례 의식은 언제 어디에서 마무리되었을까?

> 이스라엘 자손은 이집트에서 가져 온 요셉의 유해를 세겜에 묻었다. 그곳은 야곱이 세겜의 아버지 하몰의 자손에게 금 백 냥을 주고 산 땅인데, 요셉 자손의 유산이 된 곳이다(수 24:32).

여호수아서의 마지막 장에 요셉의 장례와 관련된 내용이 나온다. 이스라엘 공동체가 가나안 땅의 대부분을 차지한 그 축제의 시간에, 요셉의 뼈가 그렇게 가고 싶어 하던 믿음의 조상들의 땅에 묻힌다. 요셉의 비전은 모세에게 전달되었고, 여호수아에 의해 완수되었다.

아브라함은 막벨라 굴을 사는 것으로 자신의 사명을 전수했다. 이삭과 야곱은 그 막벨라 굴에 묻히는 것으로 자신의 사명과 비전을 후손에게 전수했다. 요셉은 "해골을 메고 올라가라"고 외치며 자신의 시신을 가매장함으로 그 비전을 전수했다. 많은 세월이 지나 모세는 출애굽을 하면서 요셉의 해골을 메고 올라감으로 하나님 나라 백성을 향한 하나님의 비전을 이어 받았다. 이후 여호수아는 요셉의 해골을 들고 싸웠고, 마지막 승리의 날에 요셉을 그의 유언대로 장사함으로 하나님의 비전이 성취되도록 하였다.

그들이 보았던 것은 풍요로워 보이는 애굽이 자신들이 영원히 머물 땅이 아니라는 것이었다. 그들은 '마땅히 돌아가야 할 본향이 있다'는 것을 알았다. '이 본향으로 가는 길'이 아무리 험하고 어려워도 우리는 전투하며 그곳으로 가야 하고, 그 길 끝에는 위대한 축제가 있으며, 우리는 그곳에서 노래할 것이다. 그리고 이 치열했던 삶이 마치는 날, 내가 달렸던 그 길에서 누군가가 나의 신앙의 바톤을 이어받아 또 달릴 것이다.

성도는 세상이 이해할 수 없는 행동을 하는 사람이다. 세상이 성도가 행하는 사랑과 희생과 헌신 때문에 '저 사람 참 이상

해졌구나'라는 말을 하게 해야 한다. 애굽의 모든 사람이 놀랐던 야곱의 막벨라 굴을 향한 집념이나 요셉의 완성되지 않는 장례식 장면을 세상에 보여 주어야 한다. 영원한 나라를 이미 소유한 자만이 살 수 있는 방식으로, 영원한 나라를 만져 본 적 없는 이들은 도무지 이해할 수 없는 방식으로 한 번밖에 없는 인생을 채우고 또 달려야 한다. 그렇게 산다는 것이 무엇인지 더 구체적인 삶의 이야기들을 믿음의 자녀들에게 들려주고 보여 주어야 한다. 중요한 결단의 찰나, 내 안에서 환하게 빛나는 그 나라의 영광스러움이 나로 하여금 이런 선택을 하게 해 주었다는 그런 이야기 말이다.

앞 세대가 지켜 왔고 말해 왔고 살아왔던 그 하나님 나라에 대한 꿈과 소망을 우리가 먼저 듣고 배워야 한다. 그리고 반드시 이것을 기억해야 한다. "이 땅의 시간이 결코 전부가 아니다. 세상의 수많은 평가도 나를 향한 온전한 평가가 아니다. 그것은 우리가 들어야 할 말들이 아니다. 우리는 세상과는 다른 기준에 따라 살아가는 존재들이다." **부모이며, 어른인 우리는** 하나님 나라를 바라보며, 이 땅에서 나는 나그네요, 행인임을 기억하며, 그것을 다음 세대에게 삶으로 보여 주어야 한다.

주님이 나를 부르셔서 '싸우라' 하시는 그 사명의 땅에서는 주님이 주신 용기로 싸우라. 주님이 나를 부르셔서 '죽으라' 하시는 그 자리에서 그분에게 순종함으로 죽으라. 우리 자녀와 다음 세대가 우리의 말이 아니라, 우리의 진실한 선택과 행동을 통해 참 성도가 누구이며, 그 성도에게 있어야 할 비전이 무엇인지 알게 되는 인생이기를 원한다.

나눔 질문

1. 마음을 여는 질문
나는 나의 인생이 어디를 향해 가고 있다고 생각하는가? 나의 삶의 최종 목표는 무엇인가?

2. 본문 이해를 돕는 질문
1) 야곱은 왜 자신의 시신을 애굽에 묻지 말고 가나안 땅 막벨라 굴에 묻어 달라고 유언했는가? (창 50:5-6)

2) 야곱의 아들 요셉은 죽기 전 유언으로 자신의 유해를 애굽에 임시 매장했다가 이후 애굽을 떠나게 될 때 가나안으로 옮겨 달라고 했다. 그는 왜 이런 요청을 했는가? (창 50:24-25)

3) 요셉의 유언은 실제로 어떻게 이루어졌으며, 이것이 의미하는 바는 무엇인가? (출 13:19, 수 24:32)

3. 삶에 적용하는 질문
나는 하나님이 주신 비전과 사명을 따라 살아가고 있는가? 사명을 따르는 나의 삶을 자녀들과 다음 세대에게 무엇으로 보여 줄 수 있겠는가?

2부

◇◇ 실천 ◇◇

반드시 이루어져야 할, 믿음의 헤리티지

나이를 먹는다고
저절로 어른이 되는 것이 아니다.
어른이 되려면 다음 세대에게
나를 거름으로 내어 주어야 한다.
다시 일어설 기회를 주는 것,
넘어진 자리에서 포기하지 않도록
손 내밀어 주는 것,
아무도 믿어 주지 않는 세상에서
끝까지 믿어 주는 한 사람이 되는 것,
그것이 오늘 우리가 되어야 할 모습이다.

Heritage

●신명기 31장 1-8절

7장 이어질 약속의 노래를 준비하라

'모세'에서 '여호수아'로

국민일보 종교 면에 "교회를 신뢰하나요?"라는 제목의 기사가 올라온 적이 있다(2022년 4월 27일자). 여기에는 코로나를 지나오는 동안 개신교에 대한 일반인들의 신뢰도가 어떻게 변화되었는지를 보여 주는 통계가 실렸다. 결과는 참담했다. 코로나 이전에는 32퍼센트 정도의 신뢰를 받고 있었는데, 단 2년 만에 18퍼센트로 낮아졌기 때문이다. 우리는 종교에 대한 일반적인 신뢰도가 낮아진 것이라고 말할 수 있겠지만, 통계는 다르게 말한다. 천주교는 65퍼센트, 불교는 66퍼센트였기 때문이다. 개신교는 천주교와 불교를 신뢰하는 비율의 3분의 1밖에 되지 않는 것이다. 또한 이 통계는 연령대별로 개신교에 대한 신뢰도가 어떠한지도 보여 주었다. 60대 이상에서 개신교의 신뢰도는 28퍼센트였고, 20대의 신뢰도는 12퍼센트에 불과했다.

정리하면, 현재 교회에 대해서 다섯 명 중 한 명 정도가 '믿을 만한 단체'라고 생각한다는 뜻이다. 그리고 특히 20대에서는 열 명 중에 한 명 정도만 교회에 대해 긍정적으로 생각하고 있다는 것이다. 이 수치 안에는 교회를 다니는 이들이 포함되어 있어서 기존 신자의 수를 빼면 통계는 훨씬 낮게 나올 것이다. 이것이 오늘날 교회를 보는 세상의 시선이다.

한국 기독교는 전 세계에 유례가 없을 정도로 폭발적인 성장을 경험했다. 교회가 없던 지역에 많은 교회가 세워졌고, 사회 문화적으로 많은 부분에 교회가 긍정적인 영향을 끼쳤다. 한때는 교회를 다니는 사람이 깨어 있는 사람, 선한 사람이라는 이미지가 있었다. 그러나 지금 사회의 분위기는 정반대이다. 사람들이 교회를 신뢰할 수 없는 이유로 교회 지도자들의 비윤리적인 삶, 배타적이고 독선적인 언행, 재정의 불투명성, 교인들의 비윤리적인 삶 등을 열거했다. 물론 그리스도인 다수가 실제로 그렇다는 뜻이 아니다. 세상이 우리를 그렇게 보고 있다는 뜻이다.

약속을 반복하시다

신명기 31장은 이스라엘 백성의 출애굽을 인도했던 모세가 전하는 마지막 설교이다. 하나님은 그의 시간이 끝났다고 말씀하셨고, 모세는 지도자로서의 자신의 지위를 후계자에게 넘겨 주어야 했다. 모세는 모압 평지에 이스라엘 백성을 모았고 그들과 새롭게 언약을 맺었다. 그리고 이스라엘 백성을 향한 하나님의 비전, 즉 계획이 무엇인지 밝혔다.

> 주 당신들의 하나님을 사랑하십시오. 그의 말씀을 들으며 그를 따르십시오. 그러면 당신들이 살 것입니다. 주님께서 당신들의 조상 아브라함과 이삭과 야곱에게 주시겠다고 맹세하신 그 땅에서 당신들이 잘 살 것입니다(신 30:20).

하나님이 애굽에 있던 이스라엘 백성과 했던 약속의 반복이다. 하나님이 조상 아브라함에게 약속하셨던 그 땅을 그들에게 주시겠다는 말씀이고, 그 땅에 가서 그들이 거주하게 될 것이라는 말씀이다.

우리가 여기서 기억해야 할 교훈이 있다. 하나님이 비전을 주시는데, 그 비전이 늘 새로운 것은 아니라는 것이다. 우리는 하나님이 우리와 우리 세대에게 이전과는 전혀 다른 꿈과 계획을 가지고 계시다고 생각할 때가 있다. 그런데 하나님은 지금 500여 년 전 아브라함과 하셨던 약속을 성취하고 계신다. 비전이 대대로 이어져 내려왔고 세대에서 세대로 전수되었다. 그래서 우리를 향한 하나님의 뜻이 중요한 만큼 우리는 그 중요한 하나님의 뜻을 다음 세대에게 전수하고 있느냐도 중요해진다. 또 다음 세대 입장에서는 내 시대에 나를 향한 하나님의 또 다른 뜻이 꼭 있으리라는 법은 없다는 말이다. 앞 세대가 다음 세대에게 남겨 주는 것들을 받아 이어 달려야 하는 경우가 더 많다는 사실을 기억해야 한다. 신명기 30장 20절에서는 한 가지를 더 이야기하고 있다. 그 비전의 성취와 전수를 위해 필요한 것이 무엇이냐는 것이다.

전반부를 보면, 하나님을 사랑하고, 그분의 말씀을 들으며, 그분을 따르라고 한다. 하나님은 생명이고 우리의 장수가 되시는 분이기 때문에 그렇게 하나님과 함께하면 하나님이 약속하신 것을 우리 삶 가운데 행하신다는 것이다. 그런데 이것은 반대로도 적용될 수 있다. 우리의 생명이 되시는 하나님을 사랑하지 않고, 그분의 말씀에 순종하지 않고, 그분을 의지하지 않으면 안 될까? 그 약속의 땅에 들어갈 수 없게 된다.

앞서 코로나를 지나며 단 2년 만에 추락한 기독교 신뢰도를 보았다. 세상이 기독교를 너무도 신뢰하지 않게 된 현실과 특히 20대에서 기독교에 대한 신뢰도가 가장 낮다는 사실도 보았다. 이 사실은 하나님이 백성을 향해 품으셨던 일들이 전수되지 못할 위기를 맞이했음을 말한다. 왜 이런 일이 벌어졌을까? 그 답을 20절이 말하고 있다. 과연 우리가 하나님을 사랑했는지, 그분의 말씀에 순종했는지, 그 하나님을 의지했는지를 말이다.

모세, 섭섭함을 넘어 전수를 준비하다

본문에는 자신에게 주어진 하나님의 계획을 다음 세대에게 전수해야 하는 모세가 나온다.

> 모세가 그들에게 말하였다. 이제 내 나이 백스무 살입니다. 이제 더 이상 당신들 앞에 서서 당신들을 지도할 수 없습니다. 주님께서는, 내가 요단강을 건너는 것을 허락하지 않으셨습니다(신 31:2).

이 구절에서 모세의 서운한 마음을 읽을 수 있다. 모세는

120세이다. 그러나 그는 여전히 총명했고 건강했다(신 34:7). 조금 더 이스라엘을 이끌어 가나안 전쟁을 시작하는 데 전혀 어려움이 없었다. 그런데 하나님이 모세에게 찾아와 말씀하셨다. "너는 이 요단을 건너지 못하리라!" 모세가 어려서 40년 동안 바로의 공주 아들로 살며 애굽의 모든 학문을 배울 때, 그때에도 모세는 자신을 히브리인이라 생각하며 이 히브리인들의 회복과 약속된 땅으로의 귀향을 꿈꿨다. 살인하고 쫓겨 광야에서 40년을 목동으로 살면서도 그는 자기 백성과 자기 백성을 향한 하나님의 꿈을 포기하지 않았다. 그리고 출애굽의 지도자로 살았던 40년은 날마다 그 가나안 땅 보기를 소원하는 인내와 기다림의 삶이었다. 그런데 하나님이 말씀하셨다. "너는 이 요단을 건너지 못하리라!"

이 대목에서 우리는 모세가 서운할 수도 있음을 이해해야 한다. 이제 며칠만 걸으면 요단을 건너고 가나안 땅에 들어가는데 거기서 멈추라니. 거기서 후계자에게 모든 것을 물려주고 사라지라니. 당연히 서운할 수밖에 없는 상황이다. 그런데 모세는 서운함이라는 감정으로 자신의 행동을 결정하지 않았다. 그는 말씀에 순종하는 사람이었고, 하나님을 사랑하고, 그 하나님을 의지하는 사람이었다. 모세는 자신이 지금 해야 하는 일을 하고 있다.

모세는 이 율법을 기록하여, 주님의 언약궤를 메는 레위 자손 제사장들과 이스라엘의 모든 장로에게 주었다. 모세가 그들에게 명령하였다.

> 일곱 해가 끝날 때마다, 곧 빚을 면제해 주는 해의 초막절에, 온 이스라엘이 주 당신들의 하나님을 뵈려고 그분이 택하신 곳으로 나오면, 당신들은 이 율법을 온 이스라엘 백성 앞에서 읽어서, 그들의 귀에 들려주십시오(신 31:9-11).

모세는 자신이 하나님에게 받은 율법을 기록했다. 그리고 그 율법 책을 레위 자손 제사장들과 이스라엘의 장로들에게 주었다. 그러고는 7년에 한 번씩 돌아오는 안식년에 있는 초막절 절기에 백성을 모아 그것을 낭독하여 온 이스라엘이 듣게 하라고 명령했다. 하나님이 그에게 주신 비전을 기록하고 보전하여 다음 세대에게 전달하기 위한 방법을 만들어 둔 것이다. 어떻게든 하나님의 마음과 뜻이 다음 세대에게 이어져야 하기 때문이다. 자신의 서운함을 넘어 전해져야 할 하나님의 뜻이 더 중요했기 때문이다.

우리는 때로 나의 서운함, 섭섭함이 너무나 중요하다. 교회에서 싸우는 가장 큰 이유가 '섭섭마귀' 때문이라는 말도 있다.

"내가 한 것이 얼마인데 이렇게 수고한 나를 무시하고 모른 척 하고 인사하지 않느냐"라며 말이다. 우리는 섭섭할 수도, 서운할 수도 있다. 그러나 그 마음이 우리에게 주신 하나님의 비전과 꿈보다 중요해져서는 안 된다. 우리는 그 꿈이 시대와 시대를 이어 꽃 피우는 일에 우리 마음의 서운함을 포기할 수 있어야 한다. 모세는 마음 가득한 서운함을 넘어, 비전의 전수를 위해 글을 쓰고 조직을 만들고 후계자를 세워 그 모든 것을 전수하고 있다. 우리 세대의 마음보다 다음 세대로의 신앙 전수가 더 중요함을 알았던 것이다.

여호수아, 두려움을 넘어 계승을 준비하다

이제 이전 세대가 받았던 하나님의 꿈을 이어받아야 하는 다음 세대인 여호수아의 모습을 살펴보자.

> 모세가 여호수아를 불러서, 온 이스라엘이 보는 앞에서 그에게 말하였다. "그대는 마음을 강하게 하고 용기를 내시오. 그대는, 주님께서 그대의 조상에게 주시기로 맹세하신 땅으로 이 백성과 함께 가서, 그들이 그 땅을 유산으로 얻게 하시오.

> 주님께서 친히 그대 앞에서 가시며, 그대와 함께 계시며, 그대를 떠나지도 않으시고 버리지도 않으실 것이니, 두려워하지도 말고 겁내지도 마시오"(신 31:7-8).

여호수아는 두려워하고 놀라고 약해져 있었다. 모세라는 거대한 인물의 후계자가 되어 200만 명의 난민을 끌고 가나안과의 전쟁을 치른다는 것은 상상하기 어려울 만큼 부담이었기 때문이다. 모세가 몇 년만 더 지도해 주면 좋겠다고 생각했을 것이다. 그런데 하나님은 모세를 굳이 이 시기에 데려가시고 이 무거운 짐을 여호수아에게 맡기겠다고 하셨다. 여호수아는 도망치고 싶었다. 그런 여호수아를 정확하게 알았던 모세가 여호수아를 불러 온 이스라엘이 보는 자리에서 말한다. "너는 강하고 담대하라!" 이렇게 강하고 담대할 수 있는 이유는 무엇인가?

> 주님께서 친히 그대 앞에서 가시며, 그대와 함께 계시며, 그대를 떠나지도 않으시고 버리지도 않으실 것이니(신 31:8).

이전 세대가 주님을 위해 열심히 살았다. 반면 이런저런 문제와 허술한 부분도 있었다. 정리되지 않는 것들이 있고 잘못 가르쳤던 것도 있었다. 그런데 그 세대는 그 세대가 할 수 있는 최선을 다했다. 전쟁을 경험한 세대이고 보릿고개를 경험한 세대이다. 붙들 것이 아무것도 없어서 주님만 붙들고 교회를 세우고 그 주님만 의지해서 여기까지 살아 내고 늙어 가고 있었다. 문제가 없다는 것이 아니고 다 잘했다는 것도 아니다. 다만 이전 세대의 수고와 헌신에 대해서 우리는 인정하고 귀하게 여기고 감사해야 한다는 말이다.

게다가 우리는 그분들이 싸웠던 싸움, 그분들이 걸었던 걸음을 이어받기까지 해야 한다. 그런데 지금은 신앙 전수에 있어서는 이전보다 어려워진 상황이다. 배가 고픈 시대가 아니라 영적으로 빈곤한 시대이고, 몸이 아프기보다 마음이 상한 시대이다. 이런 시대에 복음을 전하고 교회를 세우고 신앙으로 누군가의 영혼을 변화시키는 일을 이어받는다는 것은 두려운 일이 아닐 수 없다. 그래서 필요한 것이 무엇인가? 우리 앞에 가시며, 우리와 함께하셔서 우리를 떠나지도 버리지도 아니하신다고 약속하신 하나님을 믿는 것이다.

과연 우리가 하나님의 꿈을 이어 갈 수 있을까? 하나님의 교회를 이전보다 나은 상태로 세워 갈 수 있을까? 정말 새로운 시대를 섬기는 교회가 될 수 있을까? 솔직히 말하면 정말 쉽지 않을 것 같다. 생각하는 것보다 훨씬 어려운 일이 될 것이다. 이 일을 하려다 보면 굳이 하지 않아도 될 여러 피곤한 일이 생길 것이 분명하다. 그럼에도 포기하지 않을 이유가 있다. 우리가 이 길을 갈 때, 하나님이 우리와 함께하실 것이기 때문이다. 주님의 꿈을 붙들기 전에, 먼저 우리를 붙들고 계시는 주님을 믿어야 한다. 그분이 결코 우리를 혼자 두지 않으실 것이다. 주님이 지혜를 주시고 명철을 주시며 이 길을 감당할 힘을 주실 것을 믿어야 한다.

우리는 잊지 말아야 한다. 내 꿈을 이루는 것이 아니라 주님의 꿈을 이루기 위해 싸우고 있다는 사실이다. 우리에게 이익이 되는 것이 아니라 주님에게 이익이 되는 것이다. 우리가 지금 주님을 돕는 중이라는 사실이다. 이것이 주님이 우리를 떠나시면 안 되는 이유이다. 마음껏 배짱을 부려도 된다. 내가 주의 일을 하니 주님은 반드시 나와 함께하셔야 한다고 말이다. 그 주님과 함께이기에, 그 주님의 개입하심을 믿기에 우리는 캄캄한 바다를 향해 배를 저어 나아갈 수 있는 것이다.

둘이 함께 하나님을 보다

모세가 자신에게 주어졌던 사명을 여호수아에게 위임했

다. "내가 했던 모든 싸움을 이제는 네가 해야 한다"고 온 이스라엘 앞에서 선포했다. 그 후 하나님이 모세에게 말씀하셨다.

> 주님께서 모세에게 말씀하셨다. "이제 네가 죽을 날이 가까이 왔으니, 여호수아를 불러 함께 회막으로 나아오너라. 내가 그에게 명을 내리겠다." 그래서 모세와 여호수아가 회막으로 나아갔다(신 31:14).

하나님이 모세에게 여호수아를 불러 회막 앞에 함께 서라고 명령하신다. 이제부터는 모세가 여호수아와 함께 하나님의 말씀을 듣게 되었다. 여호수아가 모세와 동일한 지위가 되었음을, 이제 여호수아가 하나님에게 직접 명령을 받는 자가 되었음을 가시적으로 보여 주는 장면이다. 모세는 여호수아를 보고, 여호수아도 모세를 본다. 그리고 이 둘이 함께 하나님을 본다. 더 이상 주인과 시종, 장군과 병기 든 자가 아니다. 하나님 앞에서 '하나님의 비전'을 성취하기 위해 함께 선 동역자이다.

온통 세대 간의 갈등을 이야기한다. 세상도 그렇지만 교회는 더 심각하다. 요즘 열심히 공부하는 주제 중 하나가 MZ 세대에 관한 것이다. 청년들과 30대 젊은 부부들이 이해가 되지 않아서 공부하기 시작했는데 공부할수록 더 어렵기만 하다. 그런데 또 다른 세대가 생겼다. 알파 세대! 이전에는 한 세대를 30년으로 잡았는데 이제는 한 세대가 6년 정도라고 한다. 이것은 이전 세대와 이후 세대가 전혀 하나가 될 수 없다는 의미이고, 교회도 그렇다는 이야기다. 그런데 출애굽 세대를 대표하는 모세와 가나안 1세대를 대표하는 여호수아가 함께 하나님 앞에 서서 하나님의 말씀을 받았다. 세대를 넘어 주님이 주신 동일한 말씀 때문이다. 동일한 하나님을 믿고 있기 때문이며, 계속 이어져 내려오는 하나님의 꿈의 성취를 목표로 하고 있기 때문이다.

'다르지 않다'는 것이 아니다. 이전 세대가 가지고 있는 문화까지 따라하라는 것도 아니다. 우리는 파격적으로 다를 수 있다. 이전에 전혀 가 보지 않은 길을 갈 수도 있다. 그러나 교회는 그리스도를 머리로 한 한 몸의 지체들이다. 모퉁이 돌이 되시는 그리스도를 중심으로 함께 지어져 가는 존재들이다. 성도는 다른 침상에서 잠을 자지만, 같은 꿈을 꾸는 사람들이다. 주님이 우리에게 원하시는 것이 무엇인지 묻고, 듣고, 행하는 사람들이다. 그래서 우리는 하나님 앞에서 동역자가 되어 함께 하나님의 꿈을 이루며 살 수 있는 것이다. 20년쯤 차이가 나 보이는 분들을 바라보고 그들과 함께 만들 하나님 나라를 꿈꾸어 보라. 함께 손잡고 만들 그 나라가 이 세상 나라를 이길 것이기 때문이다.

하나님은 모세에게 마지막으로 이스라엘 온 민족이 대대로 부를 노래를 만들라고 명령하셨다.

> 이제 이 노래를 적어서, 이스라엘 백성에게 가르쳐 부르게 하여라. 이 노래가 이스라엘 자손에게 내가 무엇을 가르쳤는지를 증언할 것이다. 내가 그들의 조상에게 맹세한, 젖과 꿀이 흐르는 땅에 그들을 인도하여 들인 뒤에, 그들이, 살이 찌도록 배불리 먹으면, 눈을 돌려 다른 신들을 섬기며 나를 업신여기고, 나와 세운 언약을 깨뜨릴 것이다. 그리하여 그들이 온갖 재앙과 환난을 당하게 될 것이다. 그러나 사람들이 이 노래를 부르는 한, 이 노래가 그들을 일깨워 주는 증언이 될 것이다. 비록 내가 아직 약속한 땅으로 그들을 인도하기 전이지만, 지금 그들이 품고 있는 생각이 무엇인지를 나는 알고 있다. 그날에 모세는 이 노래를 적어 이스라엘 백성에게 가르쳐 주었다 (신 31:19-22).

모세도 여호수아도 이미 하나님의 일하심을 경험했던 사람들이다. 그러나 가나안 1세대를 지나 그다음 세대가 되면,

하나님이 애굽에서 행하셨던 열 가지 재앙도, 홍해를 가르신 사건도, 광야에서 그들을 보호하신 것도, 요단이 멈춘 것과 여리고성이 무너지는 것도 경험하지 못할 것이다. 하나님이 정말 우리와 함께하시는지 모르겠다고 말하는 세대가 일어날 것이다. 하나님은 그런 일이 일어날 것을 알고 계셨다. 그래서 모세를 통해 하나님이 행하신 이 모든 일과 행하기 원하시는 일을 노래로 만들어 자손들에게 가르치고 함께 부르라고 명령하셨다.

그 노래를 통해 하나님과 맺은 약속을 기억하고, 그 노래를 증거로 그들을 무너진 자리에서 돌아오게 하시겠다는 말이다. 학자들은 이 노래를 모세가 말하고 여호수아가 적었을 것이라고 말한다. 이 둘이 함께 여호와의 회막 앞에서 이스라엘을 위한 노래를 기록했다는 것이다. 하나님은 이 노래를 통해 여호수아 이후에 당신의 비전을 이어받을 이들을 위해 준비를 하고 계셨다.

한국 교회의 상황이 어렵다는 말을 많이 한다. 신앙을 이어갈 다음 세대를 잃어버리고 있다. 과연 이런 시대에 부모이며 어른인 우리는 무엇을 해야 하는가? 우리도 모세와 여호수아처럼 노래를 만들고 그 노래를 함께 불러야 한다. 신앙은 전수되어야 한다. 하나님의 비전과 꿈도 반드시 이어져야 한다. 옆에 있는 이들과 다른 곳에 있는 이들에게 복음이 전해지는 것을 전도와 선교라고 부르는데, 지금 우리의 '다음 세대' 신앙 전수는 전도와 선교보다 훨씬 어려운 상황이다. 우리는 이들을 위해 노래를 준비해야 한다. 하나님이 우리 앞에서 행하시는 일들을 경험하고 그것을 남겨야 한다. 그리고 그것을 계속해서 우리의 다음 세대들에게 들려주고 보여 주어야 한다.

부모이며, 어른인 우리는 반드시 다음 세대들이 그 위대한 하나님 이야기를 경험하도록 해 주어야 한다. 그들도 그 이야기가 남의 이야기, 오래된 이야기, 끝나 버린 이야기가 아니라 자신의 이야기임을 알게 해 주어야 한다. 그들이 그 이야기를 경험할 수 있도록 마중물이 되어 주어야 한다. 할아버지와 아버지, 아들과 손자 세대가 함께 한 분 하나님을 노래할 수 있는 그런 가정과 교회를 만들어 갈 수 있어야 한다.

나눔 질문

1. 마음을 여는 질문

지금 나는 내 신앙을 누구에게 전하고 있는가? 혹은 누구에게서 신앙을 전수받았는가?

2. 본문 이해를 돕는 질문

1) 가나안 40년의 시간을 마치고 요단을 건너 약속의 땅 가나안에 들어가기 전에 모세가 들은 말씀은 무엇이었는가? (신 31:2)

2) 모세는 자신이 가나안 땅에 들어갈 수 없다는 것을 알게 된 후 제사장들과 장로들을 불러 무엇을 명령하고 있는가? (신 31:9-11)

3) 새롭게 이스라엘을 이끌어야 하는 여호수아는 왜 두려워했으며, 하나님이 그에게 주신 약속은 무엇인가? (신 31:7-8)

4) 하나님이 모세에게 '노래를 만들어 전수하라'고 하신 이유는 무엇인가? (신 31:19-22)

3. 삶에 적용하는 질문

오늘날 교회에 대한 신뢰가 낮아지는 상황 속에서, 나는 어떻게 나의 삶으로 하나님을 전할 수 있을까? 내가 불러야 하는 신앙의 노래는 어떤 내용이 되어야 하는가?

● 사무엘상 16장 11-13절

8장 일상에서 성화의 모습을 보여 주라

'사무엘'에서 '다윗'에게로

담임 목회를 하며 교회에 대해 자주 하는 질문이 있다. "지금 우리가 잘 가고 있는 것일까?" 그런데 이 질문에 답하기가 쉽지 않다. 잘하는지 못하는지의 기준이 명확하지 않기 때문이다. 고등학교라면 명문대 진학률로, 기업이라면 매출액으로, 산악회라면 회원들의 등산 횟수 같은 것으로 기준을 삼아 판단할 수 있다. 그런데 교회는 그런 판단이 어렵다.

교회 성장학에서는 교회가 건강한 정도를 수치화하여 볼 수 있다고 한다. 그러면서 주일 출석 인원, 주중 모임 참여 인원, 십일조 금액이나 비율, 유입된 새 신자 수, 전체 헌금 규모, 봉사자 수 등을 이야기한다. 이런 생각을 가지고 있는 이들이 자주 하는 말은 "양이 질을 만든다"는 '양질 전환'이다. 그래서 사역자가 해야 하는 가장 우선시되는 일은 성도의 수가 늘어나게 하는 것이며, 그렇게 많이 모이다 보면 그중에 좋은 사람이 나온다고 말한다. 그러나 나는 이런 계산법에 동의하기가 어렵다.

부교역자로 사역하면서, 또 담임 목회를 하면서 내가 생각하는 교회 건강도의 기준은 '성도의 성숙도'이다. 성도가 바른 말씀을 듣고 있다면, 교회가 바른 신앙 훈련을 만들어 운영하고 있다면, 이 안에 있는 성도는 점점 신실한 성도가 되어 갈 것이고, 그분들이 살아가는 일상적 삶을 통해 교회의 건강성을 증명해야 한다. 그런데 이것도 쉽지 않은 것 같다. 지난 시간을 돌아볼 때, 우리 모두가 성숙해지고 있는지 가늠하기 어렵기 때문이다.

성도의 성숙, 이 성화에 대해서도 다양한 입장이 있는데, 나는 '점진적 성화'가 가장 성경적이고 현실적인 입장이라고 본다. '점진적 성화'는 그리스도와 성도의 연합이 어떤 결과를 만들어 내는지를 보여 준다. 성도가 그리스도와 연합하면, 그리스도께서는 성도에게 영적인 생명력을 공급한다. 이 생명력이 공급되는 방식이 그리스도와의 연합이다. 포도나무에 붙어 있는 가지가 원줄기인 나무로부터 계속 양분을 공급받아 열매를 맺는 것처럼, 긴 연합의 과정에서 가지인 우리가 원줄기가 되어 주시는 예수님을 닮아 성령의 열매를 맺고, 선한 영향을 끼치는 인생으로 변화되는 것이다.

청년 담당 사역자로 섬길 때, 나는 청년들을 통해 그런 변화를 확연하게 눈으로 볼 수 있었다. 분명 1학년과 2학년은 달랐고, 3학년에서 4학년이 되면 완전히 달라졌다. 리더로 1년간을 섬긴 청년과 3년간 섬긴 청년은 드러나는 분위기가 완전 달랐다. 그렇게 그 속도로 계속 평생을 살아 낸다면 정말 예수님을 닮은 '작은 예수들'이 될 수 있을 거라는 생각도 했다. 그런데 청년 사역을 마치고 전통 교회를 섬기면서 '점진적 자라감'을 확인하는 것이 보통 어려운 일이 아님을 알게 되었다.

분명 그리스도와 연합한 성도는 그리스도께서 공급하시는 힘으로 계속 자라는 것이 맞는데, 왜 잘 변화되지 않고, 점점 나아진다는 느낌이 들지 않을까? 이번 장에서는 마지막 사사면서 이스라엘에 왕을 세우는 데 지대한 공헌을 한 사무엘과 하나님의 마음에 합한 이스라엘 왕국의 두 번째 왕인 다윗을 살펴보려 한다. 이 둘이 어떤 관계였는지, 그리고 이 관계를 통해 어떤 일이 일어났는지를 보도록 하겠다.

사무엘은 이런 사람이었다

이 책에서 두 사람의 특징들을 다 다룰 수 없기에, 이 두 사람이 가진 유사성에 집중하려 한다. 일단 사무엘은 말과 행함이 일치하는 사람이었다.

> 그러니 이제부터는 왕이 백성들을 인도할 것입니다. 나는 이제 늙어서 머리가 희게 세었고, 나의 아들들이 이렇게 당신들과 함께 있습니다. 나는 젊어서부터 오늘까지 당신들을 지도하여 왔습니다. 내가 여기 있으니, 주님 앞에서, 그리고 주님께서 기름 부어 세우신 왕 앞에서, 나를 고발할 일이 있으면 하십시오. 내가 누구의 소를 빼앗은 일이 있습니까? 내가 누구의 나귀를 빼앗은 일이 있습니까? 내가 누구를 속인 일이 있습니까? 누구를 억압한 일이 있습니까? 내가 누구한테서 뇌물을 받고 눈감아 준 일이 있습니까? 그런 일이 있다면, 나를 고발하십시오. 내가 당신들에게 갚겠습니다. 이스라엘 백성이 대답하였다. "우리를 속이시거나 억압하신 적이 없습니다. 누구에게서든지 무엇 하나 빼앗으신 적도 없습니다"(삼상 12:2-4).

사무엘이 사사로서 은퇴할 시기가 되었다. 이미 자신이 기름 부어 세운 첫 번째 왕 사울이 이스라엘을 통치하고 있고, 그는 나이를 먹어 머리칼이 희어졌다. 그는 이제 권력을 내려놓고 영적인 일, 선지자 학교를 세워 선지자들을 훈련시키는 일에만 집중하려고 하고 있다. 그 은퇴식에 많은 이가 모였고 그들을 향해 마지막 공적인 연설을 하는 부분이 12장이다. 거기서 그는 자신이 이스라엘의 최고 정치 권력자로서 살면서 보였던 삶의 모습이 어떠했는지를 청중에게 묻는다.

"내가 어려서부터 너희를 사사로서 다스렸다. 그런데 내가 그 모든 통치 기간 동안 너희의 소나 나귀를 빼앗거나 속인 적이 있느냐? 너희를 압제하거나 뇌물을 받아 재판을 부정하게 한 적이 있느냐?" 혹여나 그 가운데 있는 누군가 손을 들어 그런 일이 있었다고 말하면 은퇴식의 분위기가 한순간에 싸늘해질 수 있는 상황이었다. 그런데 그곳에 모인 백성이 한목소리로 말했다. "(당신이) 우리를 속이시거나 억압하신 적이 없습니다. 누구에게서든지 무엇 하나 빼앗으신 적도 없습니다." 이것이 그의 공적인 삶 전체에 대한 백성의 평가다.

사무엘은 어려서부터 권력자였다. 이스라엘은 삼권 분립 정치 제도가 아닌, 사사가 입법, 사법, 행정, 세 가지 국가 권력을 모두 가지고 있는 사회였다. 그런 사회에서 사사는 거의 왕이었다. 그런데 사무엘은 그 권력을 가지고 처음부터 끝까지 흠잡을 데 없는 공직을 살았다. 그는 말했고, 그 말대로 살았으며, 그 삶을 증거로 자신이 전한 하나님 말씀의 신뢰성을 지켜 낸 사람이다.

그다음으로, 사무엘은 하나님 나라 백성을 위기에서 구원한 사람이었다.

> 그러니 그대로 서 있으십시오. 내가, 주님께서 당신들과 당신들의 조상을 구원하려고 하신 그 의로운 일을 주님 앞에서 증거로 제시하고자 합니다. 야곱이 가족을 데리고 이집트로 내려간 다음에, (이집트 사람들이 야곱의 가족을 억압할 때에,) 그들은 주님께 매달려 살려 달라고 부르짖었습니다. 그래서 주님께서는 모세와 아론을 보내셨고, 조상을 이집트에서 인도해 내셨고, 그들을 이 땅에 정착시키셨습니다. 그런데도 백성은 주 그들의 하나님을 잊어버리고 말았습니다. 그래서 주님께서는 조상들을 블레셋 사람과 모압 왕과 하솔 왕 야빈의 군사령관인 시스라에게 넘기시고, 우리 조상들을 쳐서 정복하게 하셨습니다. 조상들은 주님께 살려 달라고 부르짖으면서 '우리는 주님을 버리고, 바알 신들과 아스다롯 여신들을 섬기는 죄를 지었습니다. 이제 원수들에게서 우리를 건져 주시기 바랍니다. 그러면 우리가 주님만을 섬기겠습니다' 하고 호소하였습니다(삼상 12:7-10).

사무엘이 이스라엘의 지도자가 되어 처음 한 일은 전 민족적인 회개 운동이었다. 그는 사람들을 미스바로 모았고 거기에서 그들의 죄를 책망하며 새로운 삶의 길을 제시했다. 그런데 그 부흥회가 빌미가 되었다. 블레셋은 이스라엘이 모여서 종교적인 갱신을 일으키는 것이 곧 그 이스라엘에게 영향을 끼치고 있던 블레셋 세력을 내쫓는 것으로 연결됨을 알았다. 그래서 군대를 이끌고 이스라엘로 진격했다. 이때 이스라엘은 사무엘에게 "주 우리의 하나님이 우리를 블레셋 사람의 손에서 건져 내 주시도록, 쉬지 말고 기도하여 주시기 바랍니다"라고 말했다. 사무엘은 이 요청을 듣고 하나님에게 번제를 드리고 기도하였다. 하나님이 이 기도에 응답하셨고, 블레셋 군대를 친히 번개로 공격하셔서 어지럽게 만들어 전투를 승리하게 만드셨다(삼상 7:5-12).

사무엘은 이스라엘의 구원자였다. 블레셋으로부터 이스라엘을 구했다. 물론 그는 선지자였기 때문에 하나님에게 나아가 예배하고 기도하며 부르짖는 방식으로 전투에 참여했다. 그 결과 블레셋과의 전투에서 이스라엘이 승리하게 되는 것으로 볼 때, 전쟁에 나간 장수의 방식과 다르지 않다.

사무엘은 마지막 사사로서 말과 행함이 일치하는 삶으로, 이스라엘의 구원자이며 수호자의 삶으로 이 땅을 살아 냈다.

누가 보아도 신실한 하나님의 사람의 일생이다.

사무엘은 다윗에게 특별했다

그런데 사무엘은 다윗과 특별한 관계를 맺고 있었다. 우리가 다 아는 다윗이라는, 하나님 나라의 중요한 인물은 사무엘을 통해 공적 생명을 얻었고, 보호를 받았다. 우선 사무엘은 다윗에게 기름을 부어 그를 왕으로 세운 사람이었다.

> 사무엘이 이새에게 "아들들이 다 온 겁니까?" 하고 물으니, 이새가 대답하였다. "막내가 남아 있기는 합니다만, 지금 양 떼를 치러 나가고 없습니다." 사무엘이 이새에게 말하였다. "어서 사람을 보내어 데려오시오. 그가 이곳에 오기 전에는 제물을 바치지 않겠소." 그래서 이새가 사람을 보내어 막내아들을 데려왔다. 그는 눈이 아름답고 외모도 준수한 홍안의 소년이었다. 주님께서 말씀하셨다. "바로 이 사람이다. 어서 그에게 기름을 부어라!" 사무엘이 기름이 담긴 뿔병을 들고, 그의 형들이 둘러선 가운데서 다윗에게 기름을 부었다. 그러자 주님의 영이 그날부터 계속 다윗을 감동시켰다. 사무엘은 거기에

서 떠나, 라마로 돌아갔다(삼상 16:11-13).

다윗은 자신의 아버지 이새에게도 인정받지 못하는 아들이었다. 11절에 있는 '막내'라는 표현은 어린아이라는 뜻도 있지만 '가장 작다, 가장 보잘것없다'라는 뜻도 있다. 아버지가 보기에 다윗은 마지막 사사인 사무엘을 만날 필요도 없는 보잘것없는 아들이었고, 사무엘을 만나 함께하게 될 잔치 자리에 참여하는 대신 들판의 양을 돌봐야 하는 아들이었다. 그런데 사무엘은 그 막내가 오기를 기다렸고, 그 막내인 다윗을 보고 그가 하나님의 마음에 합한 자임을 알아보았다. 그리고 그에게 기름을 부음으로 그가 사울 이후에 왕이 될 것임을 공적으로 확인시켜 주었다.

성경은 이날 이후 "주님의 영이 그날부터 계속 다윗을 감동시켰다"고 말한다. 이 일은 다윗의 인생에서 매우 중요한 일이었고, 이 일을 전후해서 다윗의 인생이 완전히 달라졌다. 다윗을 공적인 무대로 올린 이, 다윗을 이스라엘이라는 이 땅에 있던 하나님 나라의 왕으로 초청한 이가 바로 사무엘이었다.

그다음으로, 사무엘은 다윗이 위기였을 때 그를 보호한 사람이었다. 다윗은 블레셋 거인 골리앗과 싸웠고 그를 죽임으로 명성을 얻었다. 사울은 약속한 대로 다윗을 중용했고 다윗은 군대에 들어가 활약함으로 더 많은 이의 지지를 받았다. 그런데 이 모습이 사울의 질투를 사게 되었고 사울은 다윗을 죽이기로 결정한다. 사울이 다윗을 죽이려고 창을 던졌던 그때, 다윗은 사울의 창을 피해 도주한다. 그리고 그 첫 번째 피난처가 바로 사무엘이 선지자 학교를 세워 후진을 양성하고 있던 라마였다.

> 다윗은 그렇게 달아나서 살아난 다음에, 라마로 사무엘을 찾아가서, 그동안 사울이 자기에게 한 일을 모두 이야기하였다. 그러자 사무엘은 곧 다윗을 데리고 나욧으로 가서 살았다(삼상 19:18).

다윗은 그냥 라마라는 곳으로 간 것이 아니다. 사무엘이 있는 라마로 간 것이다. 사무엘이라면 사울의 손에서 자신을 지켜 줄 수 있을 것이라고 생각한 것이다. 그리고 사무엘은 다윗이 라마에 있는 동안 다윗을 지켜 낸다. 어떤 외압에도 굴하지 않고 다윗을 지켜 냈다.

사무엘에게 피했던 다윗이 어떤 마음이었을까? 자신에게 기름을 부어 왕으로 삼았던 사무엘, 한때 이스라엘 전체를 움직이는 마지막 사사였던 사무엘, 그러나 지금은 자신이 세운 사울에게 모든 권력을 물려주고 시골에서 선지자들을 훈련시키는 사무엘, 그가 과연 자신을 저 왕의 분노로부터 지켜 줄 수 있을지 의문이 들었을 것이다. 그런데 사무엘은 하나님과 함께 있었다. 그를 공격하려던 이들 모두에게 하나님의 영이 임했고 그들은 공격 의지를 잃어버리게 되었다. 하나님이 라마를 지키시고 그 라마에 있는 사무엘에게 피한 다윗을 지켜 주신 것이다.

다윗에게 사무엘은 어떤 사람일까? 아버지에게도 인정받지 못하던 작은 자, 사사가 자기 집에 왔는데도 인사조차 하지 못하고 들판에 나와 양이나 돌봐야 했던 자신을 이스라엘의 왕이 될 것이라며 기름을 부어 준 선지자였다. 목숨이 위태하게 되어 피할 곳이 없을 때 찾아가 생명을 보호받은 은혜를 경험하게 해 주었던 은인이다. 다윗에게 사무엘은 육신의 아버지보다 의미 있는 존재였을 것이다.

두 사람은 동일한 방식으로 살았다

지금까지 사무엘에 관하여 살펴보았다. 그는 이스라엘 백성 앞에서 말과 행함이 일치하는 사람이었고 이스라엘의 구원자였다. 동시에 그는 다윗과의 관계에서도 다윗에게 기름을 부어 준 사람이면서, 다윗이 가장 위험했던 순간에 피할 곳이 되어 준 인물이었다. 그런데 이 사무엘의 모습이 다윗에게 그대로 나타나는 것을 이후 다윗의 삶을 통해 확인할 수 있다.

그 첫 번째 모습은, 다윗의 공적인 삶의 시작에서 그는 하나님 나라 백성을 위기에서 구원하는 일을 했다는 것이다. 다윗이 처음 이스라엘 백성 앞에 등장하는, 블레셋 사람 골리앗과의 전투 장면에서 당시 왕이었던 사울과 나누는 대화를 보자. 다윗은 골리앗과 싸우겠다고 하고 사울은 이를 말린다. 그런데 그 대화에서 다윗과 사울이 가지고 있는 생각의 극명한 차이를 보게 된다.

> 다윗이 사울에게 말하였다. "누구든지 저자 때문에 사기를 잃어서는 안 됩니다. 임금님의 종인 제가 나가서, 저 블레셋 사람과 싸우겠습니다." 그러나 사울은 다윗을 말렸다. "그만두어라. 네가 어떻게 저자와 싸운단 말이냐? 저자는 평생 군대에서 뼈가 굵은 자이지만, 너는 아직 어린 소년이 아니냐?" 그러나 다윗은 굽히지 않고 사울에게 말하였다. "임금님의 종인 저는 아버지의 양 떼를 지켜 왔습니다. 사자나 곰이 양 떼에 달려들어 한 마리라도 물어 가면, 저는 곧바로 뒤쫓아 가서 그놈을 쳐

죽이고, 그 입에서 양을 꺼내어 살려 내곤 하였습니다. 그 짐승이 저에게 덤벼들면, 그 턱수염을 붙잡고 때려 죽였습니다. 제가 이렇게 사자도 죽이고 곰도 죽였으니, 저 할례받지 않은 블레셋 사람도 그 꼴로 만들어 놓겠습니다. 살아 계시는 하나님의 군대를 모욕한 자를 어찌 그대로 두겠습니까"(삼상 17:32-36)?

사울이 다윗을 말리는 이유는 이것이다. 자신의 눈에 비친 다윗은 소년이고, 골리앗은 어려서부터 용사였기 때문이다. 핵심은 '자신의 눈에 비친'이다. 거대한 골리앗과 일반적인 키의 다윗, 전투 경험이 많은 골리앗과 단 한 번도 전투를 경험한 적 없는 다윗이 일대일로 맞붙게 된다면 그 결과는 너무도 뻔하다고 생각한 것이다. 그런데 다윗은 눈에 보이는 것으로 판단하지 않았다. 다윗은 겉으로 보이는 골리앗과 자신의 차이보다 '보이지 않는' 것을 보려고 했다. '살아 계시는 하나님의 군대를 모욕한, 이 할례받지 않은 블레셋 사람'을 하나님이 가만 놔 두시겠느냐는 것이다. 양을 지키는 목자로서 양 떼에게 위협을 가하는 모든 짐승을 자신이 물리쳤던 것처럼, 하나님의 양을 공격하는 저 이리 같은 블레셋과 골리앗을 목자이신 하나님이 물리치실 것이라는 믿음이다. 그리고 그는 그 믿음에 자신의 생명을 걸고 전쟁터로 나갔다.

다윗은 사무엘을 닮아 있었다. 사무엘도 보이는 외모가 아니라 하나님이 중심을 보시는 분임을 알았기 때문에, 다윗의 중심을 보고 그에게 기름을 부었다. 다윗도 보이는 외모가 아니라 중심을 보시는 하나님의 마음을 알아 그 마음에 반응하여 순종했다. 사무엘이 이스라엘을 치러 온 블레셋과의 전쟁을 지휘하는 것으로 공적인 사역을 시작했던 것처럼, 다윗도 하나님의 군대를 모욕하는 블레셋으로부터 하나님 나라를 구원하는 것으로 공적인 사역을 시작했다.

사무엘은 제사를 드리며 하나님에게 부르짖었고, 다윗은 물매를 들고 전쟁터로 달려갔다. 사무엘은 기름을 부었고, 다윗은 피를 흘렸다. 둘은 전혀 다른 모습인 것 같았다. 하지만 그 둘을 움직이는 것은 같았다. 보이지 않는 하나님의 마음, 그리고 하나님이 사랑하시는 그 백성을 구원하는 것이었다.

두 번째 모습은, 다윗이 성전 건축을 위한 준비를 해 놓는다는 것이다. 여기서 우리는 다윗도 그의 말과 행동이 일치했음을 확인할 수 있다.

> 다윗은 이런 혼잣말을 하였다. "나의 아들 솔로몬이 어리고 연약한데, 주님을 위하여 건축할 성전은 아주 웅장하여, 그 화려한 명성을 온 세상에 떨쳐야 하니, 내가 성전 건축 준비를 해

두어야 하겠다." 그래서 그는 죽기 전에 준비를 많이 하였다(대상 22:5).

다윗은 하나님에게 하나님의 전을 지어 드리고 싶다고 했지만, 하나님은 다윗의 손에 흘린 피가 너무 많기 때문에 그가 그가 성전을 지을 수 없다고 선언하셨다. 그런데 다윗은 아주 웅장하고 화려한 성전을 지어 감사를 표현하고 싶었다.

그런데 이런 성전을 건축하려면 아주 많은 돈과 기술과 인력이 필요했다. 다윗은 그저 말로만 주님의 성전을 짓겠다고 하고 끝내지 않았다. '그래서'가 이어진다. "그래서 그는 죽기 전에 준비를 많이 하였다." 다윗은 "내가 성전 건축 준비를 해 두어야 하겠다"고 말했다. 그리고 죽기 전까지 계속한 것은 그 성전을 건축하기 위한 모든 것을 '준비하는 일'이었다. 이후에 솔로몬은 다윗이 준비해 놓은 그 모든 것을 가지고 성전을 건축하기에 이른다. 사람들은 솔로몬 성전이라고 부르지만 사실 그 성전은 다윗-솔로몬 성전이었다.

다윗은 말한 것을 그대로 지켰다. 그는 말이 얼마나 중요한지 알았고, 그가 하는 말은 반드시 성취되어야 함을 알았다. 하나님의 선지자가 그 삶의 신실함으로 자신이 전했던 하나님 말씀의 신실함을 증명해야 했던 것처럼, 하나님이 기름 부어 세운 왕으로서 다윗은 자신이 한 말을 지키기 위해 평생을 살았다. 다윗은 사무엘을 닮아 있었다. 선지자와 왕이라는 신분과 역할 때문에 '방식'은 달랐지만, 그 둘은 동일하게 '말과 행함에 있어 하나인 삶'을 살았다.

신앙은 보고 만지고 맛을 보는 것이다

서두에 성화에 대해 이야기했다. '우리는 왜 점진적으로 주님을 닮아 가는 것 같지 않은가'라는 주제였다. 신앙에 관하여 우리는, 특히 부모와 어른 된 우리는 다음 세대와 세상에 무엇인가를 보여 주어야 한다. 어떻게 살면 되는지, 신앙으로 산다는 것이 무엇인지를 그동안 보여 주었어야 한다. 그런데 부모가 교회 안에서는 신앙으로 사는 모습을 자녀에게 보여 줄 수 있었겠지만, 가정에서는 그것을 보여 주지 못했다. 가정뿐만 아니라 직장이나 삶의 여러 곳에서도 마찬가지다. 예수님을 믿는다는 것이 얼마나 아름다운지, 말과 삶이 어떻게 일치하며 신앙이 일상에서 어떻게 드러나는지를 보여 주지 못했다. 그래서 결국, 자신이 믿는 신앙을 확신하지 못한 것이다. '나도 변화시키지 못한 복음이 어떻게 자녀를, 그리고 당신을 변화시킬 수 있겠어?

앞에서 살펴본 사무엘과 다윗의 관계 속에서 한 가지 답을 찾을 수 있다. 일단 이미 부모와 어른이 된 우리에게 그동안 사무엘이 없었기 때문이고, 또 다윗이 없었기 때문이다. 신앙은 책으로 배우는 것이 아니다. 신앙은 학교에서 배우는 것도 아니다. 신앙은 보고 만지고 맛을 봐서 배우는 것이다. 직접 경험하는 것이다. 그러기 위해서는 반드시 그 길을 먼저 걸어간 선배가 있어야 하고 그 선배를 따라 하는 시간이 필요하다. 그런데 우리 대부분은 그렇게 신앙을 배우지 않았다. 왜일까? 그렇게 만날 선배가 없고 그렇게 나에게 시간을 써 줄 어른이 없었기 때문이다.

그럼 이미 부모가 되고, 어른이 된 우리에게 그런 존재가 없었기 때문에 우리도 이 귀한 신앙의 전수를 포기해야 할까? 결코 아니다. 우리는 자녀들을 위해, 다음 세대를 위해 자신이 신앙의 사무엘이 되기를 결단해야 한다. 그냥 이렇게 늙어 사라지는 것, 녹슬어 사라지는 것으로 만족하지 말고, 지금 할 수 있는 사랑, 지금 할 수 있는 섬김, 지금 할 수 있는 신앙의 본을 보여야 한다.

✳

사무엘의 세대로서 다음 세대를 이끌어 주어야 할 우리는 더 이상 옛 이야기를 하지 말고, 오늘도 최선을 다해 하나님의 뜻을 이루기 위해 사는 구원자의 모습으로 말과 행함이 일치된 신실한 믿음을 보이고 드러내야 한다. 다윗의 세대를 일으키기 위해 사무엘의 세대가 일하기 시작해야 한다. 우리는 신앙의 사무엘이 되기를 결단하고 일어서야 한다.

다윗의 세대, 다음 세대라고 하는 이들에게는 이렇게 말하고 싶다. 모양은 다를 수 있다. 세상이 많이 달라져서 선배들의 제안이 적실하지 않아 보일 수 있고, 신앙의 형식이 고리타분해 보일 수 있다. 그러나 신앙은 절대 혼자서 만들어지지 않는다. 하나님이 주시는 비전은 전수되어 내게 찾아오는 것이며, 우리가 하나님에게 보여 드려야 할 삶의 대부분은 이미 그렇게 살았던 이들을 통해 가장 효과적인 방법과 길들이 만들어져 있다. 자신의 사무엘에게 찾아가야 한다. 앞 세대가 다음 세대를 향해 들려주고 보여 주고 싶은 것들을 듣고 보고 배우고 따라 해야 한다.

보이지 않는 예수님을 닮아 가는 것이 성화라고 한다면, 그 성화는 그 예수님을 먼저 따르기 시작했던 이들의 삶 가운데 녹아 있을 것이다. 그리고 그 선배들의 등을 보며 후배들은 구체적인 성화가 무엇인지 보고 배우고 익힐 것이다.

끊임없이 나누어 주는 사무엘들이 나오기를 바란다. 끊임없이 배우고 익히고 닮아 가는 다윗들이 나오기를 기대한다. 그 다윗들이 어느새 사무엘이 되어 또 다른 다윗들을 키워 내는, 세대와 세대를 지나 하나님의 사람들이 세워지는 믿음의 공동체가 되기를 소망한다.

나눔 질문

1. 마음을 여는 질문

나는 신앙의 본을 보여 준 '사무엘' 같은 사람을 만난 적이 있는가? 혹은, 나는 누군가에게 신앙의 본을 보여 주고 있는가?

2. 본문 이해를 돕는 질문

1) 사무엘이 백성 앞에서 자신의 삶을 돌아보며 한 말은 무엇인가? (삼상 12:2-4)

2) 사무엘이 다윗에게 했던 중요한 역할은 무엇인가? (삼상 16:11-13) 다윗이 사무엘을 중요하게 생각했음을 보여 주는 대표적인 사건은 무엇인가? (삼상 19:18)

3) 다윗이 골리앗과의 싸움에서 보여 준 신앙은 어떤 면에서 사무엘의 신앙과 닮았는가? (삼상 17:32-36)

4) 하나님이 다윗의 성전 건축을 허락하시지 않았을 때 다윗은 어떤 행동을 선택했는가? (대상 22:5)

3. 삶에 적용하는 질문

사무엘이 다윗을 양육해 자신과 비슷한 신앙을 소유한 자가 되게 했던 것처럼 나는 지금 누군가를 양육하고 있는가? 다윗이 자신의 업적이 되지 못할 성전 건축을 위해 성전 건축의 모든 것을 준비해 놓는 모습이 나에게 어떤 교훈을 주는가?

●에스더 4장 7-17절

9장 믿음의 싸움을 '함께' 치르라

'모르드개'와 '에스더'가 함께

코로나가 서서히 지나가고 있을 때였다. 여러 교회와 공동체에서 수련회 때 말씀을 전해 달라는 요청이 있었는데, 그때 참 감격스러운 연락을 받았다. 청년 사역을 할 때 내가 가르쳤던 청년 중 한 명이 신학대학원에 진학을 했고, 어느 개척 교회의 전도사가 되었다. 그리고 그 교회에서 7년 동안 성실히 청년들을 섬겼다. 그 제자는 종종 "제가 맡은 공동체가 100명이 되면 꼭 목사님을 수련회에 모실게요"라고 말했다. 나는 청년 수가 중요한 것이 아니니 언제든 필요할 때 부르라고 말했다. 그 당시, 개척한 교회의 청년부가 100명이 될 거라고는 예상하지 못했다. 그런데 그 제자로부터 연락이 온 것이다. 자기가 맡은 청년부 여름 수련회에 올 수 있느냐고 묻는 연락이었다. 코로나 기간인데도 공동체가 계속 성장해서 재적 100명이 되었다는 것이다.

그 청년을 처음 만났을 때를 떠올려 보면, 그는 그렇게 대단한 열심을 가지고 영혼을 돌보는 사람이 아니었다. 어머니의 서원 때문에 신학교를 가기는 했지만 신학교를 졸업한 이후 신대원에 갈지 말지를 고민하던 청년이었다. 그런데 청년부에서 마음을 정하고 리더가 되고 찬양 인도자가 되더니 전도사가 되었고 목사가 된 것이다. 그리고 정말 자신의 삶을 갈아 넣어 한 청년 공동체를 견고하게 세웠다. 그 제자가 지난 7년간 자신의 삶을 갈아 넣어 세운 공동체에 가서 말씀을 전할 수 있다는 것이 내게는 얼마나 큰 감격이고 위로인지 모른다. 한때 그저 평범한 학생이었는데 이제는 하나님 나라를 위해 나와 동역하는 자가 되었기 때문이다.

에스더서는 무엇을 이야기하고 있는가?

이번 장에서는 페르시아의 포로로 살던 유대인 공동체에서 일어난 한 사건을 통해, 신앙과 믿음의 전수를 위해 전수하는 자와 전수받는 자 사이에 어떤 것들이 있어야 하는지를 살펴보도록 하겠다. 에스더서의 시대적 배경을 보면, 페르시아의 수도 수산에서 일어난 일로, 당시 페르시아의 왕은 아하수에로였다. 그는 주전 486-465년에 통치했고, 권력과 힘이 있는 인물로 자신이 원하는 것은 무엇이든 하려고 했던 왕이었다. 일반 역사에서 그는 크세르크세스 1세로 불렸고, 그가 했던 일 중에 가장 유명한 것은 50만 명(헤르도토스는 170만 명)이라는 엄청난 규모의 군대를 이끌고 그리스를 침공했다가 실패하고 돌아왔던 사건이다. 에스더서 1장에 나오는 왕후 와스디를 폐위시키는 장면은 그리스 침공 전에 일어난 사건이고, 2장에 나오는 에스더를 왕후로 세우는 장면은 그 침공에 실패하여 왕권이 흔들리던 시기에 일어난 사건이다.

아하수에로는 그리스 침략 전쟁이 실패할 것이라는 생각을 전혀 하지 못했다. 그는 국가의 재정 대부분을 이 전쟁에 썼고, 전리품으로 갚겠다는 약속을 하고 많은 돈을 빌리기까지 했다. 침략 전쟁의 실패로 아하수에로는 엄청난 빚더미 위에 앉게 되었고, 왕권이 흔들리기 시작했다. 이런 상황을 이해하면, 우리는 3장에 등장하는 아말렉 사람으로, 바벨론의 가장 높은 신하 중 하나인 하만의 행동과 말, 그리고 그의 제안을 받아들이는 아하수에로를 이해할 수 있다. 3장부터 등장하는 아말렉 사람 하만은 유대 민족 전체를 말살하고자 했다. 그는 유대 민족 말살을 위한 계획을 세웠고, 왕에게 뇌물을 주고 승인을 얻었다. 하만은 이 승인을 위해 은 1만 달란트를 가지고 왔다. 은 1달란트는 34킬로그램으로, 은 1만 달란트는 340톤이나 된다. 아하수에로는 비어 버린 국고를 채울 수 있는 이 엄청난 은을 받고 유대인 말살 정책을 승인해 버린다. 그해 12월 13일에 유대 민족을 자유롭게 죽여도 된다는 조서였다. 이런 상황에서 4장이 시작된다.

지금 이 페르시아에 남아 있는 유대인들에게 엄청난 위기가 닥쳤다. 바벨론이 멸망하고 페르시아의 첫 번째 왕인 고레스가 유대인들 가운데 돌아가기 원하는 자들은 돌아가라고 조서를 내렸다. 그런데 유대인들 대부분은 이스라엘로 돌아가지 않았다. 70여 년 동안 살아 보니 바벨론에서 사는 것도 괜찮았기 때문이다. 폐허인 이스라엘로 돌아가서 다시 성전을 짓고 성벽을 쌓는 삶을 사는 것보다 이미 익숙해진 바벨론 땅에서 사는 것이 더 나아 보였던 것이다. 그런 그들에게 위기가 닥친 것이다. 하나님이 이스라엘로 돌아간 유대인들과 함께하시는 것은 확실하다. 그러나 과연 하나님이 이스라엘로 돌아가지 않은, 바벨론과 페르시아에 남아 그들과 함께 살아가고 있던 유대인들과도 함께하실까? 그들도 하나님의 구원의 대상일까? 에스더서는 바로 그것에 대한 이야기다. 엄청난 위기를 경험하고 있는 유대 민족에게 과연 구원의 길은 있을까?

은 340톤의 열심을 내다

먼저 우리는 이 사건의 실체가 무엇인지를 알아야 한다. 이 사건은 인간 역사 속에 일어난 한 정치적 사건, 또 한 사람의 광기가 만들어 낸 일탈 정도가 아니다. 이 사건은 하나님 나라 백성을 이 땅에서 지워 버리려 끊임없이 일어났던 세상 나라와의 영적인 전쟁이다.

일단 하나님 나라 백성을 몰살하려는 이 하만이라는 자는 누구일까? 그는 왜 이 엄청난 돈을 써서 이스라엘을 몰살하려 했을까? 성경은 그를 소개하면서 그가 어떤 세력을 대표하는지를 보여 준다. 성경에 나오는 그에 대한 수식어는 '아각 사람'이다. '아각'은 한 개인의 이름이 아니라 왕을 의미하는 호칭이다. 애굽 왕을 '바로'라고 부르고, 가나안 왕을 '멜렉'이라고 부르듯이 '아각'도 왕을 뜻하는데, '아말렉' 민족의 통치자에게 붙이는 표현이었다. 다시 말해, 하만 앞에 붙어 있는 '아각 사람'은 '아말렉 민족의 왕의 후예'를 의미한다.

하나님이 아말렉 민족은 '반드시 이 땅에서 지워 버려야 하는 민족'이라고 말씀하셨다. 아말렉은 이스라엘이 출애굽 할 때 유일하게 이스라엘의 배후를 공격한 민족이다. 여호수아 때부터 다윗 시대까지 끊임없이 상대를 지우기 위해 싸웠던 원수 민족이었다. 아말렉은 유독 이스라엘을 미워했고 끊임없이 공격했다. 하만은 이 아말렉 족속 왕의 후예였던 것이다. 이 하만은 성문 앞에서 자신에게 절하지 않는 한 사람 모르드개를 보았고, 그가 아말렉과 철천지원수인 유대 민족임을 확인했다. 그리고 이 기회에 오래된 원수를 갚기로 계획했다.

그렇다면 모르드개는 왜 페르시아 제국의 2인자인 '하만'에게 절하지 않았을까? 모르드개는 유독 하만에게만은 절하지 않았다. 이유는 모르드개의 소개를 통해 알 수 있다.

> 그때에 도성 수산에는 모르드개라고 하는 유다 남자가 있었다. 그는 베냐민 지파 사람으로서, 아버지는 야일이고, 할아버지는 시므이이고, 증조부는 기스이다(에 2:5).

하만이 아말렉 족속 왕의 후예였던 것처럼 모르드개는 아말렉과 끊임없이 전투를 벌였던 이스라엘 초대 왕 사울의 후예였다. 모르드개는 이스라엘의 역사를 알고 자신이 누구의 후손인지를 아는 사람이다. 그런 자신의 눈앞에 아말렉 '아각'의 후손이 서서 자신의 인사를 받으려 했다. 모르드개는 무릎을 꿇을 수 없었다. 자신이 무릎을 꿇는 것은 하나님의 백성 이스라엘이 하나님의 원수 아말렉에게 무릎을 꿇는 것이기 때문이다. 이러한 하만과 모르드개의 갈등은 근본적으로 영적인 것이었다. 아말렉과 이스라엘의 전쟁이며, 하나님의 백성과 사탄의 백성이 치르는 영적 전쟁이었다. 모르드개는 이 싸움의 본질을 알았고, 그래서 생명을 걸었다. 하만 또한 이것을 알았다. 그래서 자신의 전 재산에 해당하는 은 340톤을 뇌물로 들고 온 것이다.

이 땅을 살아가는 우리 모두는 이런 전쟁을 치르는 중에 있음을 기억해야 한다. 하나님 나라 백성을 이 땅에서 지우기 위해 세상 나라를 상징하는 하만은 은 340톤을 들고 온다. 이것이 사탄이 가진 '열심'이다. 어떻게 해서든 이 땅에서 하나님의 백성을 지워 버리기 위한 그의 투자이다. 그렇다면 우리는 우리는 어떻게 해야 하는가? 우리도 모르드개가 되어야 한다. 모르드개가 자신의 생명을 걸고 이 싸움에 임하는 것처럼 우리도 이 영적인 싸움에 임해야 한다.

우리는 영원한 죽음에서 건짐 받고 사망 같은 잠에서 깨어난 '거듭난 우리 영혼을 지키기 위해' 무엇을 각오하고 있는가?

모르드개는 자신의 생명을 걸었다. 이에 비해 우리는 너무 여유를 부리는 건 아닐까? 너무 쉽게 생각하는 건 아닐까? 대충 싸워도 이길 수 있다고 착각하는 건 아닐까? 과연 지금이 정말 이렇게 여유를 부려도 되는 때냐는 것이다.

모르드개가 두 가지 일을 행하다

하나님 나라 백성이 이길까, 사탄의 세력이 이길까? 이 갈림길에 서 있다. 모르드개는 이 싸움에서 승리하기 위해 왕후가 되어 궁궐에 사는 에스더의 도움이 필요하다고 생각했다. 그가 에스더에게 행한 것은 두 가지였다. 하나는 정보를 전달하는 것이었고, 두 번째는 도전하는 것이었다.

첫째, 그는 에스더에게 정보를 전달했다. 모르드개는 하만이 세운 엄청난 규모의 학살 계획을 알게 되었다. 그는 이 문제 때문에 굵은 베 옷을 입고 성 안으로 들어가 통곡했다. 에스더가 이 소식을 듣고 근심하여 모르드개에게 의복을 보냈지만 그가 거절하자 내시 하닥을 보내 그 사정을 알고자 했다. 그때 모르드개는 하닥에게 이렇게 말했다. "네가 왕후니까 왕에게 나아가서 이 일이 일어나지 못하게 말하라!" 그 말을 듣고 에스더는 얼굴이 파리해지며, 이렇게 대답한다. "내가 왕에게 불리지 못한 지가 한 달입니다. 왕이 부르지 않았는데 왕 앞에 나아가는 것은 죄입니다. 그때 왕이 금 규를 내밀어 주지 않으면 저는 죽임을 당할 텐데요." 에스더는 유대 민족이 처한 상황을 몰랐다. 왕궁 안에 있었고, 자신이 유대인이라는 사실도 밝히지 않은 상태였기 때문이다. 자신이 하나님의 백성이더라도 하나님의 백성이 처한 위기에 관해 잘 모를 수 있다. 그래서 누군가는 그것을 알려 주어야 한다. 그래서 모르드개가 먼저 에스더에게 지금의 위기 상황을 알려 주었다(에 4:1-11).

둘째, 그는 에스더에게 이 모든 상황을 뒤집는 일에 나서라고 도전했다. 두려워하는 에스더, 어찌해야 할지 모르는 에스더를 향해 모르드개는 포기하지 않고 도전한다.

> 모르드개는 그들을 시켜서 에스더에게 다음과 같이 전하라고 하였다. "왕후께서는 궁궐에 계시다고 하여, 모든 유다 사람이 겪는 재난을 피할 수 있다고 생각하십니까? 이런 때에 왕후께서 입을 다물고 계시면, 유다 사람들은 다른 곳에서라도 도움을 얻어서, 마침내는 구원을 받고 살아날 것이지만, 왕후와 왕후의 집안은 멸망할 것입니다. 왕후께서 이처럼 왕후의 자리에 오르신 것이 바로 이런 일 때문인지를 누가 압니까"(에 4:13-14)?

그의 주장은 두 가지다. 하나는 "네가 말하지 않아도 유다인들은 다른 방법으로 하만에게서 살육당하지 않고 구원받을 것이다"이고, 다른 하나는 "지금 네가 왕후 자리에 있게 된 것은, 하나님이 이때를 위해서 만들어 놓은 안배가 아니겠는가?"이다. 모르드개는 에스더에게 이 영적인 전쟁에 참전해야 하는 당위성을 가지고 도전하고 있는 것이다.

모르드개에게는 확신이 있었다. '하나님의 백성은 절대 사라지지 않는다.' 되려 놓임과 구원을 받게 될 것이라 말한다. 확고한 믿음이다. 이스라엘은 하나님의 징계를 받는 중이었다. 징계는 죽이는 것을 목표로 하지 않는다. 고쳐서 회복시키기 위한 것이 징계이다. 징계는 포기가 아니라 치료와 교정을 통해서 변화시키려는 '적극적인 사랑'의 한 방식이다. 하나님이 당신의 백성 이스라엘을 이렇게 이 땅에서 지워 버리지 않으실 것이다. 이것이 그의 첫 번째 확신이다.

그러나 이런 일반적 확신을 넘는 또 하나의 확신, 구체적 확신이 있었다. "하나님이 지금 이런 상황에서, 사촌 누이지만 내가 딸처럼 양육한 에스더를 페르시아 왕후의 자리에 두신 것이 이 살육의 계획을 막기 위해서다!" 모르드개는 하나님이 당신의 백성을 지키실 것을 믿었다. 그러나 그 믿음이 '우리는 아무것도 하지 않아도 괜찮다'로 이어지지 않았다. 그는 그 하나님의 구원에 하나님이 택하신 이들을 사용하신다는 것까지 믿었고, 그 사람이 바로 에스더라고 생각한 것이다. 모르드개는 정확하게 그것을 알았고, 그래서 그 하나님이 싸우시는 전장으로 에스더를 초청했다.

모르드개는 에스더에게 하나님 나라 전쟁에 대해 가르치고 그 전쟁에 참전하기를 도전했다. 에스더는 이 도전에 반응해서 그 백성을 구원하는 전쟁에 참전했다. 부모이며 어른인 기존 세대가 해야 할 중요한 일이 바로 이것이다. 다음 세대에게 믿음의 전쟁에 관하여 가르치고 도전하며 함께하자고 초청하는 일이다.

우리는 '장차 될 일'에 관하여 모른다. 1년 후, 5년 후, 10년 후만 모르는 것이 아니라 당장 하루 앞도 모른다. 그러나 우리의 결국은 어떤 모습일지 알고 있다. 우리는 모두 승리할 것이다. 하나님 백성의 자신감, 하나님 백성의 능력, 하나님 백성의 웃음과 여유는 거기에서 나온다. 우리는 모두 놓임과 구원을 받을 것이며, 영광 가운데 면류관을 받을 것이다.

그러니 세상에 기죽을 필요가 없다. 하만이 340톤의 은을 뇌물로 주고, 왕이 병력을 움직여 하나님의 백성을 다 죽이려 해도, 이 일은 반드시 실패한다. 하나님이 그렇게 되도록 내버려 두시지 않기 때문이다. 세상이 하나님의 백성을 다 집어삼

킬 것 같으나, 세상은 반드시 실패한다. 하나님의 말씀에 영영토록 왕 노릇 할 사람은, 어린양을 따랐던 사람이라고 명시되어 있기 때문이다. 그러니 절대 약해지지 말고, 눈치 보지 말고, 그 승리를 확실히 붙잡으라.

그러나 그렇다고 해서 우리가 해야 할 역할을 하지 않아도 된다는 것은 아니다. 우리에게 부여된 역할이 있다. 다음 세대에게 이 확신을 전하며 그들도 우리가 행하는 믿음의 싸움에 참전시키는 것이다. 그렇다. 하나님의 거대한 구원 계획은 흘러간다. 그분은 반드시 이기실 것이다. 그러나 그분의 그 놀라운 계획은, 오늘 우리에게 그 위대한 일을 위한 기도와 헌신을 요구한다. 그리고 이 일이 결코 우리 세대에서 끝나서는 안된다. 우리는 이 전장까지 물려주어야 한다.

죽으면, 죽으렵니다!

에스더는 모르드개에게 이 민족의 위기에 관한 소식을 들었을 때, 적극적으로 왕 앞에 나아가 민족의 위협을 막아 내겠다고 말하지 못했다. "왕 앞에 나갔다가는 말도 걸어 보지 못하고 죽을지도 몰라요!" 이것이 에스더의 첫 번째 대답이었다.

맞는 말이다.

> "임금님이 부르시지 않는데, 안뜰로 들어가서 왕에게 다가가는 자는, 남자든지 여자든지 모두 사형으로 다스리도록 되어 있습니다. 이러한 법은 모든 신하들과 왕이 다스리는 모든 지방 백성들이 다 알고 있습니다. 다만 임금님이 금으로 만든 규를 내밀어서, 목숨을 살려 주실 수는 있습니다. 그런데 임금님이 나를 부르지 않으신 지가 벌써 삼십 일이나 되었습니다"(에 4:11).

페르시아는 대단히 복잡한 상황이었다. 여러 차례 반란이 일어났고, 이 과정에서 왕권은 매우 약화되었다. 누구든 왕을 죽이고 왕의 자리에 올라갈 가능성이 있었다. 이 장에서 다루는 말씀 본문에서만 해도 두 번의 왕의 암살 기도가 등장한다. 암살의 위협을 느꼈던 왕은, 24시간 자신을 근접 경호하는 이모탈이라는 경호 부대를 두었다. 그들은 왕의 그림자가 되어 따라다녔다. 그들의 활시위는 항상 당겨져 있었다. 허가받지 않은 누군가가 왕에게 다가오면 그들은 당겨진 시위를 놓았다. 왕이 들고 있는 금 규로 특정한 사인을 보내지 않는다면 말이다. 왕후라는 신분도 왕의 생명을 보호하는 '이 원칙' 앞에서는 무력했다. 왕이 금 규를 내밀지 않으면 왕후도 죽는다.

그러나 에스더는 두려움 속에서도 모르드개의 도전에 믿음으로 반응하기를 선택한다. 모르드개가 말했던 것, 즉 하나님이 당신의 백성을 구원하시는 분임과 자신이 이때에 왕후로 있는 것이 이 하나님의 구원에 쓰임받기 위함임을 받아들였기 때문이다. 그녀는 이렇게 자신의 결단을 표현한다.

> "어서 수산에 있는 유다 사람들을 한곳에 모으시고, 나를 위하여 금식하게 하십시오. 사흘 동안은 밤낮 먹지도 마시지도 말게 하십시오. 나와 내 시녀들도 그렇게 금식하겠습니다. 그렇게 하고 난 다음에는, 법을 어기고서라도, 내가 임금님께 나아가겠습니다. 그러다가 죽으면, 죽으렵니다"(에 4:16).

에스더는 모르드개에게 모든 이스라엘 백성으로 하여금 3일간 금식하라고 말한다. 그리고 자신과 자신의 시녀들도 3일간 금식하겠다고 말한다. 규례를 어기고 왕 앞으로 나아가 하만의 계획을 저지하겠다고 말한다. 그리고 마지막에 후렴처럼, "죽으면, 죽으렵니다"라고 말한다. "죽으면, 죽으렵니다!" 이것은 비장한 결단의 표현이다. 이것은 운명론에서 나온 말이 아니다. 의연하게 동족을 위해 희생을 각오하고, 하나님의 섭리에 전적으로 복종하겠다는 단호한 결심의 표현이다.

기도가 먼저인가, 각오가 먼저인가?

여기에서 이 이야기를 아는 사람들에게 꼭 물어보고 싶은 것이 있다. 에스더의 고백에서 3일간의 금식 기도가 먼저인가, 아니면 "죽으면, 죽으렵니다"라는 각오가 먼저인가? 이 질문과 답변은 중요하다. 에스더가 요구하는 3일간의 금식은 자신이 왕 앞에 나아갈까 말까를 선택하기 위한 금식이 아니었다. 그는 먼저 3일 후에 왕에게 나아가기로 생명을 걸고 결단했다. 그리고 그 앞에 나아가 은혜를 입게 해 달라고, 이스라엘이 처한 이 극심한 위협을 극복할 방법을 찾을 수 있게 해 달라고 기도를 부탁했다.

기도해 보고 결정하는 것이 맞을 때가 있다. 그러나 많은 경우 하나님의 뜻을 알기 위한 기도가 필요 없는 때가 있다. 하나님의 뜻은 이미 드러나 있기 때문이다. 모르드개의 말을 들어 보니, 이것은 하나님의 뜻이었다. 그것은 하나님의 분명한 약속이었고, 이제껏 자신의 삶을 인도해 오신 그분의 섭리와 일치했다. 그녀는 그 진리 안에서 자원하여 손을 든 것이다. 물론 그녀는 스스로 기도했고 다른 이들의 기도도 요청했다. 그러나 이 기도는 두려움을 넘어 왕 앞에 나아가 어떻게 왕을 설득할지에 대한 지혜와 용기를 구하는 기도였지, 왕 앞에 나갈지 말지를 묻는 기도가 아니었다. 그녀에게 필요한 것은 하나님이 반드시 이기신다는 믿음, 기록된 말씀의 언약에 기초한 확신이었다. 하나님은 결코 지지 않으실 것이며, 우리가 주를 위해 쏟은 모든 시간과 물질과 힘은 다 하나님 앞에서 보상받을 것임을 믿어야 했다.

성도는 멈추지 않는 하나님 나라의 전진에 주님이 나를 필요로 하심을 알아야 한다. 그리고 그 나라 안으로 먼저 뛰어들어가야 한다. '죽으면 죽으리라'는 결단이 먼저 있었고, 그 후에 금식하며 기도했다. 이 순서가 옳다.

하나님의 도구로 모르드개와 에스더는 함께 쓰임받고 있다. 사촌 오빠와 동생이지만 모르드개는 에스더에게 신앙의 부모와 어른 세대가 해야 하는 역할을 감당했다. 에스더는 모르드개의 조언과 도전으로 말미암아 평안한 왕궁에서의 삶에서 나와 하나님 백성의 보호자가 될 수 있었다. 에스더를 통한 백성의 구원은 에스더 혼자 만든 작품이 아니라 그를 지도했던 모르드개와 함께 만든 작품이었다. 에스더가 영적인 잠에서 깨어났을 때, 자신을 그 자리에 세우시고 지금 부르시는 하나님의 뜻을 깨달았을 때, 그리고 자신의 생명을 걸고 그 나라의 전쟁에 참전하겠다는 의사를 밝혔을 때, 모르드개가 얼마나 기뻤을까? 자신이 싸웠던 하나님 나라 전쟁을 사랑하는 영적인 딸인 에스더가 이어받아 싸우겠다고 일어섰을 때 얼마나 감격했을까?

자식을 둔 부모이자 이 시대 어른인 우리는 이 땅의 다음 세대인 에스더들을 위해 모르드개의 역할을 감당해야 한다. 우리 자녀들에게 하나님 나라 전쟁을 가르쳐 주고, 그 자리에 우리를 부르신다는 것을 말뿐만이 아니라 삶으로 보여 주어야 한다. 편안한 곳이 아니라 하나님이 보시기에 의미 있는 자리에 함께 서자고 도전해야 한다. 그곳이 때로 생명을 걸어야 하는 곳이라 할지라도 하나님이 부르신 자리에 서야 한다고 말해 주어야 한다. 사랑하는 우리 자녀들과 다음 세대들이 그렇게 부모와 어른인 우리의 신앙의 싸움을 이어받을 때, 우리는 이 위대한 전쟁에서 전우가 된 그들을 보며 진정으로 기뻐할 수 있을 것이다.

나눔 질문

Q

1. 마음을 여는 질문

나에게는 신앙의 길에서 나를 도전하고 격려해 준 '모르드개' 같은 사람이 있는가? 나도 누군가에게 모르드개의 역할을 해야 한다는 것은 어떤 느낌을 들게 하는가?

2. 본문 이해를 돕는 질문

1) 하만이 유대 민족을 멸하려 한 이유는 이스라엘의 긴 역사 속에서, 그리고 영적인 의미에서 무엇인가? (에 3:5-6)

2) 모르드개는 에스더에게 어떤 도전을 주었는가? (에 4:13-14)

3) 에스더가 모르드개의 도전에 반응하기 어려웠던 이유는 무엇인가? (에 4:11) 그럼에도 에스더는 어떻게 반응했는가? (에 4:15-16)

4) "죽으면, 죽으렵니다"라는 에스더의 결단이, 유다 사람들의 금식보다 먼저였음이 보여 주는 교훈은 무엇인가?

3. 삶에 적용하는 질문

믿음의 싸움에서 나를 도전하고 이끌어 줄 영적 동역자가 있는가? 내가 격려하며 함께 이 길을 걸어가야 하는 이는 누구인가? 그와 어떻게 하나님 나라 전쟁의 동역자가 될지 고민해 보자.

● 사도행전 15장 36-41절

10장 미성숙함에도 그를 포기하지 마라

'바나바'가 '마가 요한'을

한 나라가 선진국인가, 그렇지 않은가를 구분하는 기준 가운데 '사회 안전망'이 있다. '사회 안전망'이란, 질병, 노령, 실업, 산업 재해, 빈곤 등 사회적 위험으로부터 국민을 보호하기 위한 제도적인 장치들이다. 한국 사회도 선진국화되면서 이런 '사회 안전망'을 확충하는 부분에 많은 힘을 쏟았고, 그 결과 이전에 비해 다양한 제도적 장치가 만들어졌다.

그러나 그런 제도적인 것뿐만 아니라 인간에게는 '정서적 안전망'도 필요하다. '내가 이 일을 하다가 실패해도 다시 일어날 수 있을 거야!'라는 생각이 들게 만드는 심리적 안전망이다. 한국 사회는 그 부분에서 굉장히 취약하다. 한 번 실패하고, 한 번 늦어지면 회복할 수 있는 길이 거의 없다고 느끼는 이들이 많기 때문이다. 인생에는 단 한 번의 기회만 있는데, '그 기회를 잡을 것인가, 잡지 않을 것인가'라는 도박과 같은 선택을 해야 한다고 매 순간 스스로를 괴롭힌다. 심지어 그런 기회가 아예 오지 않을 수도 있다고 생각하기까지 한다. "실패해도 괜찮아! 넘어져도 괜찮아! 조금 느리게 가도 괜찮아!"라는 말을 듣기 어렵다. 오히려 "한 번이라도 실패해서는 절대 안 돼"라고 말한다. 그리고 실제로 정말 이 사회에서는 넘어졌다가 다시 일어나서 따라잡는다는 것이 불가능한 것 같기도 하다.

한국 사회가 실패자에게 다시 기회를 주지 않는다는 사실을 우리는 안타까워해야 한다. 이런 분위기에서 우리가 생각해야 할 중요한 문제는 '교회 안에서는 어떤가'이다. 세상을 너무나도 닮아 버린 교회도 세상처럼 실패한 이들에게 다시 기회를 안 주는 것은 아닌지 생각해 보아야 한다. 한 번 찍히면 영원히 찍히고, 한 번 틀어지면 영원히 틀어지고, 도무지 회복할 수 있는 방법이 없는 곳. 어쩌면 세상보다 교회가 이 부분에서 더 심하지 않을까?

이번 장에서는 우리는 실패한 한 청년과 그 청년을 다시 일으키기 위해 자기를 희생하는 한 어른을 만나 볼 것이다. 마가

요한과 바나바이다. 이들의 이야기를 통해 부모이자 어른인 우리가 실패한 다음 세대를 향해 가져야 할 마음을 되새길 수 있기를 바란다.

그는 금수저에 마마보이였다

일단 주요 인물인 마가 요한부터 살펴보도록 하겠다. 이 청년을 부를 때, '마가-요한'이라고 부르는 것은 마가가 로마식 이름이고, 요한이 히브리식 이름이기 때문이다. 로마화가 된 식민지 백성으로서 마가는 히브리식 이름과 로마식 이름을 함께 가지고 있었다. 마가의 아버지에 대한 기록은 성경에 없는데, 아마 일찍 여읜 것으로 보이며, 어떤 이유에서인지 고향인 구브로섬에서 나와 독실한 어머니와 함께 예루살렘에 정착해 살고 있었다.

마가의 어머니는 상당한 재력가로 보인다. 예수님이 승천하신 후 제자들에게는 모일 공간이 필요했다. 마가의 어머니는 그 제자들을 위한 모임 장소로 자신의 집을 내주었다. 집에 있는 한 공간(다락방)에 120명의 제자들이 모일 수 있었다는 것은 그녀가 얼마나 부유했는지를 짐작하게 한다. 또 십자가에 달려 죽으신 예수님을 추종하는 제자들을 자신의 집에 들이고 돌보는 것은 당시에는 매우 위험한 일이었는데도 그 일을 행한 것을 보면, 마가의 어머니는 예수님에 대한 분명한 신앙과 헌신하는 마음도 가지고 있었던 것으로 보인다. 그녀는 신약의 교회가 태어나는 데 엄청난 기여를 한 셈이다. 마가는 이 신실한 어머니의 아들로 많은 것을 물려받았을 것이다.

마가는 오늘날의 말로 하면 금수저를 물고 태어난 사람이다. 아버지가 일찍 돌아가신 것은 불행한 일이나 예루살렘에 120명 이상이 들어가 예배할 수 있는 공간이 있을 만큼의 부잣집 상속자였다. 거기에다 그의 어머니는 신앙을 위해 생명이나 재산을 내어 놓는 것을 전혀 두려워하지 않을 만큼 헌신적이었다. 예수님이 제자들과 최후의 만찬을 나누시던 곳도 이 집이었고, 부활하셔서 나타나신 제자들의 은신처도 이 집이었다. 마가는 예수님과 제자들을 눈으로 봤고, 부활하신 예수님을 목격했던 몇 안 되는 목격자 중 하나일 것이다. 마가의 집은 신약 최초의 교회였고, 그 집의 상속자 마가는 최초의 교회가 사랑하고 축복하는 아이였을 것이다. 많은 부분에서 금수저를 물고 태어난 사람, 바로 마가였다.

그는 많은 재력과 신앙적 경험을 물려받았다. 그의 주변에는 그를 사랑하고 축복하는 이들이 넘쳤다. 그렇다면 이 마가는 성장한 후 어떤 어른이 되었을까? 하나님 나라를 위해 어떤 일을 하게 되었을까? 많이 받았으니 많이 남겼을까? 성경은 의외의 두 사건을 통해 마가가 그런 기대에 전혀 미치지 못하는 청년으로 자랐음을 보여 준다.

두 번이나 도망치다

마가의 첫 번째 실패는 죄수가 되어 끌려가던 예수님을 따르다 도주한 사건이다.

> 그런데 어떤 젊은이가 맨몸에 홑이불을 두르고, 예수를 따라가고 있었다. 그들이 그를 잡으려고 하니, 그는 홑이불을 버리고, 맨몸으로 달아났다(막 14:51).

감람산에서 기도하시던 예수님은 그곳까지 찾아온 대제사장의 부하들에게 체포되어 끌려가셨다. 제자들은 놀라 뿔뿔이 흩어졌는데, 한 청년이 베 홑이불만 두르고 예수님을 따라가다 잡힐 뻔했고 벗은 몸으로 달아났다. 도대체 무슨 사건일까? 마태나 누가나 요한이 이 사건을 기록했다면 정말 의미 없는 사건 기록이었을 것이다. 예수님의 제자들마저도 다 도망가 버린 상황에서 이름도 알 수 없는 한 청년이 예수님을 따라가다가 도망친 사건이 무슨 의미가 있겠는가! 하지만 이 사건을 마가가 기록했기 때문에 의미가 있다. 벗은 몸으로 도망간 이 청년이 바로 마가 자신이기 때문이다. 마가는 예수님의 정식 제자가 아니었다. 그는 예수님이 잡히시던 날 묵었던 집이 자기 집이었기에 예수님과 제자들이 무엇을 하는지 볼 수 있었다. 예수님과 제자들이 한밤에 집에서 나와 감람산으로 올라갈 때, 어떤 이유에서인지 마가는 급한 마음에 옷도 잘 챙기지 못하고 홑이불을 뒤집어쓰고 따라 나왔다. 그는 예수님이 군병들에게 잡히시고 제자들이 흩어지는 것을 보았다. 마가는 예수님이 어디로 끌려가시는지 궁금해서 예수님을 따라가다 병사들에게 걸렸고 이불을 버리고 도망갔다.

이 일은 중요하지도, 특별한 의미가 있지도 않다. 그러나 마가에게는 중요한 일이었다. 예수님을 따르고 싶었지만 제사장의 군인들이 무서워 맨몸으로 달아난 자신의 부끄러운 실패 장면이기 때문이다. 마가는 열정이 있었다. 예수님에 대한 사랑도 있었고, 예수님이 어떻게 되실지에 대한 호기심도 있었다. 그러나 예수님을 끝까지 좇아갈 수 있는 의지가 부족했다. 한마디로 겁쟁이였다. 많은 시간이 지난 후 마가는 자신의 가장 부끄러웠던 사건을 복음서 안에 기록해 놓음으로 자신이 그때 어떤 상태였는지를 고백하고 있는 것이다. 그런데 마가의 실패는 여기서 끝나지 않는다.

마가의 두 번째 실패는 기독교 역사상 첫 번째 선교 여행 중에 일어났다. 선교 여행 중도 포기라는 사건이다.

> 바울과 그 일행은 바보에서 배를 타고, 밤빌리아에 있는 버가로 건너갔다. 그런데 요한은 그들과 헤어져서 예루살렘으로 돌아갔다(행 13:13).

바울과 바나바가 함께한 1차 선교 여행이었다. 세계 선교의 시작이었다. 예루살렘과 그 인근에 머물던 기독교가 온 세상을 향해 나아가는 역사적인 선교 현장이었다. 이 엄청난 선교 여행에 마가 요한이 함께했다.

> 그들은 살라미에 이르러서, 유대 사람의 여러 회당에서 하나님의 말씀을 전하였다. 그들은 요한도 또한 조수로 데리고 있었다(행 13:5).

그는 선교 여행 초기, 수행원의 역할을 잘 감당했다. 그런데 배를 타고 밤빌리아에 있는 버가에 도착했고 정비 후 비시디아 안디옥으로 가야 하는데, 거기서 돌이켜 자기 집으로 가 버렸다. 대체 그에게 무슨 일이 있었을까? 이제는 청년이라고 하기에도 나이가 먹은 마가는 왜 거기에서 그렇게 돌아가 버렸을까?

누가는 이 사건에 대해 딱 한 줄만 기록하고, 그 이유를 설명해 주지 않았다. 그래서 학자들은 이 부분에 대해 다양한 설명을 내놓는다. 선교 팀의 주도권이 처음에는 바나바에게 있었는데, 일이 진행되면서 바울에게 넘어가는 것이 불만이라 떠났다는 설도 있고, 처음부터 거기까지만 동행하기로 했다는 설도 있다. 향수병 때문이라는 설과 바울이 풍토병에 걸리는 것을 보고 겁을 먹었다는 설도 있다. 나는 마가가 집으로 돌아간 이유가 버가에 도착한 선교 팀의 눈앞에 펼쳐진 거대한 타우라스산 때문이라고 생각한다.

버가에서 비시디아 안디옥까지는 200킬로미터나 떨어져 있었다. 당시 비시디아 안디옥으로 가는 길은 하나뿐이었는데, 해발 1,200미터가 넘는 타우라스산을 넘는 길이었다. 이제까지 선교 여행은 도시에서 도시로 가는 것이었고, 그 도시들도 주로 해변에 있었기 때문에 조금 멀면 그들은 배를 타고 이동했다. 그런데 이제는 아니었다. 저 거대한 산을 넘어 척박한 땅을 지나 열흘이 넘게 죽을 고생을 하며 가야 다음 도시에 도착할 수 있었다. 마가는 갑자기 선교 여행에 흥미가 없어졌다. 여기서 더 들어가면 돌아오지 못할 것만 같았다. 개고생하는 길이었다. 생각해 보니 선교 여행을 완주했다고 상을 주는 것도 아니다. 지금이라면 타고 왔던 배를 타고 편하게 돌아갈 수 있다. 그래서 여기서 돌이킨 것이었다.

이렇게 확신하는 데에는 개인적인 선교 경험이 한 몫 한다. 단기 선교 팀을 데리고 선교지에 나갔을 때, 거의 매번 이런 팀원을 경험했다. 처음에는 뭔가 재미있는 일들을 기대한다. 적당히 복음을 전하고 이국 땅에서 새로운 체험을 할 거라 기대한다. 그런데 막상 그곳은 너무 덥고 습하고 더럽고 점점 힘겨워진다. 예상했던 것과 너무 다른 일상을 경험하게 되고, 함께 하는 선교 팀원도 나에게 마냥 친절하기만 한 사람들이 아님을 알게 된다. 앞뒤 생각하지 않고 그저 당장 집에 가고 싶다는 생각만 든다. 그래서 당장 집에 가겠다고 한다. 돌아갈 비행기표를 끊어 달라고 온종일 징징거린다. 지금 마가의 모습이 딱 그렇다. 부잣집 외동아들로 자라 원하는 것은 뭐든 다 할 수 있었던 마가 요한에게 타우라스산은 너무나 거대했다. 마가는 여기서 포기했다.

정리해 보면, 마가 요한은 함께 일하기 어려운 사람이었다.

그는 유약했으며, 의지를 훈련하지 못했다. 함께 무언가를 도모하기에 믿을 수 없는 사람, 중간에 언제 자기 감정대로 때려치울지 모르는 사람, 바로 그런 사람이었다. 함께 일하려면 기본적으로 신뢰가 있어야 한다. 이 사람에게 일을 맡기면 어떻게든 그 일은 해내는 사람이어야 한다. 그래야 뭔가를 맡길 수 있기 때문이다. 그런데 마가는 이미 이 신뢰를 무너뜨리는 선택과 행동을 했다. 그로 말미암아 최초의 선교 여행이 중도에 실패할 뻔했다. 이런 배경이 있는 사람과 함께 중요한 일을 다시 해 보겠다는 계획을 세울 수 있을까?

바나바는 어떤 사람이었나?

두 번째로 살펴봐야 할 인물은 바나바이다. 바나바는 초대 교회에 선물 같은 사람이었다. 그는 초대 교회가 세워지는 데, 또 그 교회가 부흥하는 데 크게 기여한 사람이었다. 그와 관련된 두 가지 중요한 일화가 있다. 첫 번째 일화는 예루살렘 교회에서 있었던 일이다.

키프로스 태생으로, 레위 사람이요, 사도들에게서 바나바 곧

> '위로의 아들'이라는 뜻의 별명을 받은 요셉이, 자기가 가지고 있는 밭을 팔아서, 그 돈을 가져다가 사도들의 발 앞에 놓았다 (행 4:36).

예루살렘에 교회가 생겼다. 그리고 오순절 성령 강림 사건과 베드로의 설교로 많은 이들이 성도가 되었다. 문제는 갑작스럽게 늘어난 성도 때문에 그 성도를 먹이고 재우는 데 들어가는 돈이 부족해진 것이다. 그때 바나바라 불리는 요셉은 자신의 밭을 팔아 그것을 사도들에게 전해 교회의 재정적인 위기를 극복하게 했다. 이후 이것은 예루살렘 교회의 재정적 위기를 극복하는 중요한 방법이 되었다. 다른 이들도 바나바의 본을 보고 자신의 것을 내어 놓아 교회의 재정적인 어려움을 채울 수 있었다. 이것이 재정적인 위기를 맞은 초대 예루살렘 교회를 지켜 낼 수 있었던 흐름이고, 바나바는 이 선한 흐름을 만들어 낸 사람이었다.

두 번째 일화는 안디옥 교회에서 있었던 일이다.

> 예루살렘 교회가 이 소식을 듣고서, 바나바를 안디옥으로 보냈다. 바나바가 가서, 하나님의 은혜가 내린 것을 보고 기뻐하였고, 모든 사람에게 굳센 마음으로 주님을 의지하라고 권하

였다. 바나바는 착한 사람이요, 성령과 믿음이 충만한 사람이었다. 그래서 많은 사람이 주님께로 나아왔다(행 11:22-24).

예루살렘 교회에서 들어보니 안디옥에 예수님을 믿는 사람들이 생겼다. 사도들은 안디옥에 있는 무리가 정말 예수님을 믿는 사람들인지 확인하고 그들을 지도해야 할 필요를 느꼈다. 그래서 그들 가운데 있던 한 사람 '바나바'를 파견했다. 사도들이 바나바를 전폭적으로 신뢰했기 때문이다. 바나바는 안디옥에 갔다. 그리고 그 안디옥에 모여 있는 이들이 온전한 신앙을 가지고 있음을 확인했다. 그런데 바나바는 예루살렘으로 돌아오지 않고 안디옥에 머물며 그 안디옥 교회를 세우는 일을 하였다. 이미 모든 것이 안정된 예루살렘 교회에서 인정받는 자리에 있기보다 세워지는 교회인, 그래서 아직 아무것도 없는 안디옥 교회를 세우는 일에 헌신한 것이다. 그리고 그의 헌신으로 안디옥 교회가 견고하게 세워진다. 그런데 성경은 안디옥 교회가 어떻게 부흥했다고 말하는가?

바나바는 착한 사람이요, 성령과 믿음이 충만한 사람이었다. 그래서 많은 사람이 주님께로 나아왔다(행 11:24).

두 가지 이유로 큰 무리가 더해졌다. 하나는 바나바가 착했기 때문이었고, 다른 하나는 그가 성령과 믿음이 충만했기 때문이었다. 바나바의 어떤 능력 때문이 아니다. 그의 성품과 그의 신실함 때문이었다. 나는 이 바나바에게 감탄한다. 탁월한 설교나 가르침, 혹은 탁월한 행정력 때문이었다면 이렇게까지 부럽지 않을 것이다. 그것들은 노력하면 할 수 있을 것 같다. 그런데 얼마나 착해야 사람들이 이 사람의 착함을 알아볼 수 있을까? 얼마나 성령과 믿음이 충만해야 그 충만을 비신자들이 알아볼 수 있을까? 그런데 바나바는 그랬다. 많은 사람이 그 모습을 보고 달려와 신앙생활을 함께하고 싶을 만큼 바나바는 착하고 신실했던 것이다.

바나바는 최고였다. 유대인들을 위한 예루살렘 교회가 세워질 때도 그는 중요한 역할을 감당했고, 이방인을 위한 안디옥 교회가 세워질 때도 그는 중요한 역할을 감당했다. 바나바는 기술적인 탁월함을 가지고 사역한 사람이 아니다. 그는 존재로 교회를 세웠고 존재로 영혼들을 공동체로 불러 모았다. 바나바를 만나면 모두가 행복해졌다. 어느 날부터 사람들은 바나바를 원래의 이름 요한으로 부르지 않았다. 그들은 모두 사랑과 존경을 담은 애칭인 바나바라고 불렀다. 바나바는 '권위자', '위로를 전하는 자'를 의미한다. 그는 초대 교회 당시 가장 많은 사랑과 존경, 영향력을 가진 하나님의 사람이었다.

자신이 지워지는 희생을 하다

그런데 이 바나바가 한순간에 사도행전의 기록에서 사라져 버리는 사건이 있었다. 바로 오늘 본문이다.

> 며칠 뒤에, 바울이 바나바에게 말하였다. "우리가 주님의 말씀을 전파한 여러 도시로 신도들을 다시 찾아가서, 그들이 어떻게 지내고 있는지를 살펴봅시다." 그런데 바나바는 마가라는 요한도 데리고 가려고 하였다. 그러나 바울은, 밤빌리아에서 자기들을 버리고 함께 일하러 가지 않은 그 사람을 데리고 가는 것을 좋게 여기지 않았다. 그래서 그들은 심하게 다툰 끝에, 서로 갈라서고 말았다. 바나바는 마가를 데리고, 배를 타고 키프로스로 떠나갔다(행 15:36-40).

유명한 예루살렘 회의가 있었다. 이방인들에게 어떻게 복음을 전해야 하는지를 논하는 중요한 회의였다. 이 회의가 끝난 후에 바울은 바나바에게 이 회의에서 새롭게 세워진 선교

원칙을 전하는 것을 포함해서 1차 선교 여행에서 세웠던 교회들을 다시 돌아보는 2차 선교 여행을 제안한다. 여기서 문제가 생겼다. 바나바가 '마가라 하는 요한'을 데리고 가자고 했기 때문이다. 바울은 단호하게 거부한다. 그의 논리는 '자기들을 버리고 함께 일하러 가지 않은 그 사람을 데리고 가는 것이 옳지 않다'는 것이었다. 1차 선교 여행 중간에 포기하고 돌아가 버린 마가를 다시 데려가지 않겠다는 말이다. 바나바는 마가 요한을 데리고 가겠다고 했고, 바울은 절대 데려갈 수 없다고 했다. 결국 그들은 이견을 좁히지 못했고 선교 팀은 둘로 나뉘었다. 이후 바울과 실라의 선교 팀은 1차 여행 경로로, 바나바와 마가의 선교 팀은 고향인 구브로섬으로 향한다. 그 후 바나바에 대한 사도행전의 기록은 이어지지 않는다.

과연 마가 요한을 데려가는 것이 맞을까? 나는 데려가지 않는 것이 맞다고 생각한다. 1차 선교 여행과 2차 선교 여행 사이에는 채 2년의 간격도 없다. 물론 사람이 바뀔 수 있다. 그러나 사람이 바뀌는 데 2년은 너무 짧다. 한 번 문제를 일으켰던 사람은 또 문제를 일으킬 가능성이 크다. 평생을 마마보이로 자란 마가가 그 길을 다시 걸을 수 있을지 확신이 들지 않는다. 이번에도 이전 같은 일이 또 발생하면 얼마나 어려울지 생각하면 섬뜩하다. 선교가 얼마나 중요한가? 교회를 세우는 것이 얼마나 중요한가? 그런데 그렇게 중요한 일에 믿을 수 없는 팀원을 데려간다고? 하려는 일의 중대함을 생각했을 때 선택은 데려가지 않는 것이 맞다.

그런데 바나바는 고집을 꺾지 않는다. 바나바는 끝까지 마가 요한을 데려가겠다고 한다. 그 결과 선교 팀은 둘로 나뉘게 되었다. 그 후 바울은 2차 선교 여행을 성공적으로 마치고, 그 기세를 살려 3차와 4차까지 선교 여행을 하며 이방인의 사도로서 자신의 소명을 완벽하게 감당했다. 바나바는 마가를 데리고 고향 구브로섬으로 가서, 거기에서 복음을 전하고 교회를 세웠을 것이다. 그러나 성경은 더 이상 바나바의 이야기를 기록하지 않는다. 성경의 초점에서 벗어났고 세계 선교의 흐름에서 벗어났기 때문이다. 바나바는 역사 속에서 그렇게 사라졌다.

이것만 보면, 바나바는 실패한 것 같다. 바나바는 잘못된 선택을 한 것 같다. 마가 요한을 선택하지 말고 바울과 함께 2차 선교 여행을 갔어야 했다. 바울과 함께 교회 세우는 일을 더 잘했다면 더 많은 이에게 복음을 전할 수 있었을 것이고, 더 오래, 더 큰 영향력으로 교회의 역사 속에 남았을 것이다. 마가 요한 때문에 바나바는 모든 것을 잃은 셈이다.

바나바에 대해 궁금하지만 성경에 더 이상의 기록이 없다.

그렇다면 바나바와 함께 구브로섬으로 간 마가 요한은 어땠을까? 거기서 어떤 사역을 했을까? 거기서는 문제를 일으키지 않았을까? 성경은 마가 요한의 선교 사역에 대해서도 기록하지 않는다. 대신 마가가 이후에 어떤 인물이 되었는지가 마가를 쫓아냈던 바울이 쓴 서신에 남아 있을 뿐이다.

> 나와 함께 갇혀 있는 아리스다고와 바나바의 사촌인 마가가 여러분에게 문안합니다(마가가 여러분에게 가거든 잘 영접하라는 지시를 여러분이 이미 받았을 줄 압니다)(골 4:10).

2차 선교 여행을 준비하던 때로부터 10년이 지났다. 바울은 지금 로마 감옥에 갇혀 있다. 그는 감옥에서 골로새 교회를 향해 편지를 썼고 마지막 인사말을 남기며 그 인사말에 자신과 함께 갇혀 있는 동역자들의 이름을 남긴다. '아리스다고'와 '바나바의 사촌인 마가'이다(여기 '사촌'으로 번역된 원어는 가까운 친족을 의미할 때도 사용되는 표현으로 사도행전의 표현대로 '조카'로 이해하면 된다). 그때 그 마가가 지금 바울과 함께 감옥에 갇혀 주를 위한 고난을 받고 있다. 마가는 타우라스산의 거대함에 두려워 도망갔던 그때의 마가가 아니다. 마가는 복음을 전하다 바울과 함께 감옥에 갇히게 되었다. 마가는 이전과 전혀 다른 사람이 되어 있었다.

바울의 유언이라고 할 수 있는 디모데후서에도 마가에 대한 기록이 있다. 로마 감옥에 함께 있었던 때부터 5년이 지난 시점이다.

> 누가만 나와 함께 있습니다. 그대가 올 때에, 마가를 데리고 오십시오. 그 사람은 나의 일에 요긴한 사람입니다(딤후 4:11).

바울은 자신의 마지막 시간이 다가온다는 것을 느끼고 마지막으로 보고 싶었던 두 사람의 이름을 말한다. 디모데와 마가다. 자신의 영적 아들이라 여겼던 디모데와 함께 꼭 보고 싶은 사람이 마가였다. 마가는 복음 전파에 유익한 사람이었고, 바울에게 마지막 위로가 된 사람이었고, 복음서의 저자가 된 사람이었으며, 이후 알렉산드리아 교회의 감독이 된 사람이었다. 혼자서는 아무것도 할 수 없던 마마보이에서 초대 교회에서 가장 중요한 역할을 감당하는 기둥이 된 것이다. 처음과 전혀 다른 나중이다. 실패를 뛰어넘어 완전히 회복되었다. 다시 시작할 수 있음을 보여 주었다. 끝까지 포기하지 않았던 사랑의 사람, 바나바가 있었기 때문이다.

바나바의 마음에 늘 있었던 하나님의 말씀이 이 구절이 아닐까?

> 정의가 이길 때까지, 그는 상한 갈대를 꺾지 않고, 꺼져 가는 심지를 끄지 않을 것이다(마 12:20).

"우리 하나님은 상한 갈대를 꺾지 않으시는 분이다. 꺼져 가는 심지도 끄지 않으신다. 그분은 그것들을 살려 당신의 일을 하실 수 있는 분이다. 하나님이 이방인 출신인 나에게도 이 엄청난 사랑을 베푸셔서 나를 성도 삼아 주셨다. 이 사랑과 이 은혜로 내가 살았다. 그러니 나도 이 주님을 닮아 이 은혜와 사랑으로 사랑해야 한다. 지금 내 앞에 한 번의 실패로 낙심하여 도무지 일어설 수 없는 한 인생이 있다. 그에게는 전폭적인 나의 사랑과 신뢰가 필요하다."

우리는 부모와 어른으로서 우리의 자녀와 다음 세대를 이렇게 사랑하기를 선택해야 한다. 그것이 혹 나를 지우는 일이고 내가 사라지는 일이라 할지라도 그 일을 통해 일어날 다음 세대를 위해 나를 내어 주어야 한다. 나이를 먹는다고 저절로 어른이 되는 것이 아니다. 어른이 되려면 다음 세대에게 나를 거름으로 내어 주어야 한다. 다시 일어설 기회를 주는 것, 넘어진 자리에서 포기하지 않도록 손 내밀어 주는 것, 아무도 믿어 주지 않는 세상에서 끝까지 믿어 주는 한 사람이 되는 것, 그것을 한 사람이 마가를 다시 살게 한 바나바였고 오늘 우리가 되어야 할 모습이다. 주님이 나를 다시 일으키신 것처럼 다음 세대를 일으켜 세우는 그런 부모와 어른이 되어 주어야 한다.

나눔 질문

1. 마음을 여는 질문

나는 실패한 후 다시 일어섰던 경험이 있는가? 나를 끝까지 믿어 주고 격려해 준 '바나바' 같은 사람은 누구인가? 나는 누군가를 믿어 주고 끝까지 기다려 준 적이 있는가?

2. 본문 이해를 돕는 질문

1) 마가 요한이 1차 선교 여행 도중 돌아간 이유는 무엇이라고 생각하는가? (행 13:13)

2) 2차 선교 여행을 준비하던 바울과 바나바는 마가 요한 문제로 심하게 다투게 된다. 그 이유는 무엇인가? (행 15:36-40)

3) 바나바는 왜 이렇게까지 마가 요한을 데려가려고 했을까? 당신은 바나바의 선택이 이해가 되는가?

4) 마가 요한은 이후 어떻게 변화되었는가? (골 4:10, 딤후 4:11) 이것이 주는 교훈은 무엇인가?

3. 삶에 적용하는 질문

나는 반복적으로 나를 실망시킨 이를 다시 신뢰할 수 있는가? 바나바처럼 '믿음으로 다음 세대를 세우는 어른'이 되려면 어떤 마음을 품어야 하는가? 나의 기다림과 사랑의 수고가 필요한 이는 누구이며, 나는 그를 어떻게 바라봐야 할까?

● 디모데후서 2장 1-3절

11장 신앙의 멘토가 되어 주라

'바울'이 '디모데'에게

바울 사도는 디모데후서 3장을 이런 말로 시작한다. "그대는 이것을 알아 두십시오. 말세에 어려운 때가 올 것입니다." 이 말을 했을 당시, 바울은 로마 감옥에 갇혀 사형을 기다리는 사형수의 신분이었다. 자신의 시간이 얼마 남지 않았음을 알았다. 바울은 육신의 죽음을 부정적인 것으로 인식하지 않았다. 그는 영원한 하나님 나라에 대한 소망이 있었고, 이 땅에서의 삶을 마친 후 그 영원한 나라에 갈 것에 대한 믿음이 있었다. 바울은 이 땅에서 생명을 유지하는 것보다 죽어서 그리스도의 완전한 임재를 누리는 것을 소망했다(빌 1:23 참고). 그렇다면 바울의 유언이라고 볼 수 있는 디모데후서에서 바울이 이렇게 말한 이유는 무엇일까? 자신이 살았던 시대에 대한 평가를 왜 서두에 넣었을까? 바로 자신이 전한 복음으로 주님의 교회를 세우고 있는 믿음의 동역자들과 후배 세대에게 무언가를 들려주기 위함이었다.

바울은 "지금은 대단히 어려운 시대이다!"라는 분석을 넘어, 이런 시대를 성도는 이렇게 살아야 한다며 구체적인 제안을 한다. 바울은 자신이 사랑하는 영적인 아들 디모데가 끝까지 믿음을 지키며 주님을 위한 사역을 감당할 수 있기를 원했다. 자신의 생이 끝나도 자신이 평생 외쳤던 하나님 나라 이야기는 계속해서 디모데를 통해 전해지기를 원했다.

'말세에 어려운 때'라는 표현은 오늘을 사는 우리에게도 해당된다. 이전 날 어느 때보다도 어려움이 많은 때이다. 특히 성도로 이 땅을 사는 것은 앞으로 더욱 어려워질 것이다. 이러한 때에 우리는 무엇을 생각해야 할까? 특히 부모이자 어른인 우리에게는 신앙 전수의 측면에서 어떤 선택이 필요할까?

바울과 디모데는 암울한 상황에 놓여 있었다

먼저 바울이 살았던 시대 배경을 보아야 한다. 바울이 이미 사형 선고를 받고 로마 감옥에 갇혀 있다는 내용으로 보아 디모데후서는 주후 66년 또는 67년에 쓰였음을 알 수 있다.

바울은 지금 로마 감옥에 갇혀 있다. 자신이 갇혀 있다는 것, 사슬에 매여 있다는 것은 그가 죄인임을 의미한다. 이것은 바울이 1차 감금을 당했던 주후 60-62년의 상황과 완전 다른 상황이다. 빌립보서, 골로새서, 빌레몬서에 등장하는 바울의 1차 감금 상황은 감옥에 갇혀 있다기보다는 가택에 연금당한 상황이었다. 죄가 있다고 판단되어 이동의 자유를 빼앗기기는 했지만, 비교적 자유롭게 사람들이 집으로 찾아올 수 있었고, 신변에 큰 위협도 없었다. 그런데 지금 이 감금 상태는 이전과는 완전히 달랐다. 사형을 선고받은 채 난방이 없는 춥고 눅눅한 지하 감옥에 묶여 있는 상태였다. 육체적인 고통과 정신적인 고통으로 심신이 고단할 수 밖에 없었다.

이런 상황에서 바울은 많은 동역자가 자신을 두고 떠나는 것을 경험했다. 1장에서 아시아에 있는 모든 사람이 자신을 버렸다고 할 뿐만 아니라 4장에서는 데마가 자신을 버렸다고 하면서 자신이 재판받을 때 자기 옆에 있어 준 사람이 없었다며 서운함을 표현한다. 자신이 평생 수고로이 섬겼던 이들의 배신으로 고통스러워하는 모습이 보인다. 그런 상황에서 그는 자신의 죽음을 직감했다.

> 나는 이미 부어드리는 제물로 피를 흘릴 때가 되었고, 세상을 떠날 때가 되었습니다(딤후 4:6).

이렇듯 바울은 자기의 시간이 끝나감을 느끼고 있었다. 그런데 그가 평생 수고하며 세우려 했던 교회 공동체의 상황도 쉽지 않았다. 당시는 사도행전 초반에 등장하는 엄청난 성령의 역사로 믿는 자의 수가 늘어나는 시기가 아니었다. 바울은 예루살렘 교회의 부흥을 봤고 안디옥 교회에서 시작한 선교여행을 통해 세계 곳곳에 교회가 세워지는 것을 경험했다. 이렇게 조금만 더 달려가면 온 세상에 복음이 전해지고 온 세상이 주를 믿게 될 것이라는 꿈을 꿀 수 있을 정도였다. 그래서 당시 사람들이 세상의 끝이라 생각했던 서바나(스페인)까지 가서 복음을 전하려 했다. 예루살렘과 온 유대와 사마리아와 땅끝까지 복음을 전하라고 하신 주님의 명령에 순종하여, 땅끝까지 복음을 전함으로 주님의 다시 오심을 자신의 생전에 경험하려 한 것이다. 그런데 상황이 급변했다. 세워졌던 교회들이 무너져 내렸다. 복음을 경험하고 그 복음에 반응하여 변화된 것 같았던 이들이 신앙에서 이탈하는 것을 보게 되었다. 한 세대가 지나기도 전에 교회가 쇠퇴하고 있었다. 이런 상황을 보는 노년의 바울의 심정은 어떠했을까? 이런 상황에서 뭔가 할 수 있는 일이 있었을까?

다음으로 두 번째 주인공인 디모데의 상황을 살펴보자. 디모데전후서 곳곳에는 디모데의 상황이 어떠했는지를 보여 주는 단서들이 있다.

디모데는 이방인 아버지와 유대인 어머니 사이에서 태어나 자랐으며, 성장 과정에서 외할머니와 어머니를 통해 유대교 신앙을 갖게 되었다. 바울과 바나바 일행의 1차 선교 여행 중에 복음을 듣고 신자가 되었다. 바울은 2차 선교 여행부터 디모데와 함께했고, 이후 자신이 직접 갈 수 없는 지역에 자신을 대리하는 영적인 리더로 젊은 디모데를 파송했다.

디모데는 데살로니가와 고린도, 빌립보 교회에서 바울을 대신하여 말씀을 전했고, 바울이 로마 감옥에 있었던 때에는 당시 가장 큰 규모였던 에베소에 있는 교회를 섬기는 감독 역할을 했다. 로마의 핍박이 심해지고 교회 내부적으로 거짓 가르침을 전하는 이들까지 나타난 상황과 눈에 보이는 교회 공동체가 무너져 내리던 그 시기에 에베소 교회를 감독으로 섬기는 것은 대단히 어려운 일이었다. 이에 디모데는 자신감을 잃었고 마음이 약해졌고 사역에서 뒤로 물러나려 했다. 임박한 고난 앞에서 교회를 지키는 목자의 역할을 하기에 유약한 그의 성품은 문제가 되었다.

우리는 여기서 한 가지를 더 살펴보아야 한다. 디모데전서와 후서 사이, 그 시간 동안 기독교를 대하는 사회 분위기가 바뀐 것이다. 디모데전서는 주후 63년에, 디모데후서는 주후 66년에 쓰였다는 일반적인 학자들의 견해를 따르면, 이 두 편지 사이에는 대략 3년이라는 간격이 있다. 이 시기를 보면 우리는 디모데전서와 후서의 분위기가 완전히 달라지는 이유를 유추할 수 있다. 주후 64년 7월 18일에 로마에 대화재가 발생했다. 이 화재는 열흘간 지속되었고 당시 로마 절반에 해당하는 면적이 불타 무너졌다. 이런 국가적 재난이 일어나면 사람들에게서 나타나는 일반적 반응은 원망과 분노이다. 당시 폭군 네로 황제는 로마 시민의 분노가 자신을 향하지 않기를 원했고, 그 백성의 분노를 받아 낼 희생양이 필요했다. 그는 당시 소수이면서 다른 종교들과는 매우 다른 행동 양식을 보였던 그리스도인들을 희생양으로 삼기로 했다. 그래서 로마가 정권 차원에서 기독교를 대대적으로 박해하기 시작한 것이다.

바울도, 베드로도, 또 수많은 순교자도 이 네로 박해 때 희생당했다. 화재 탓에 분노한 로마인들의 화풀이 수단으로, 수많은 그리스도인이 희생당했고, 교회 공동체가 파괴되었다. 바울은 로마 한복판에서 그리스도인들을 향한 로마인들의 분노를 느끼고 있었다. 자신의 생명도 얼마 남지 않았다. 그는 어떻게든 이 상황에서 자신이 할 수 있는 최선이 무엇인지 생각했다. 그런 상황에서 그런 마음으로 디모데후서를 쓴 것이다. 그래서 이 편지를 바울의 유언장이라고 부른다.

도무지 이건 내가 할 수 있는 일이 아니다

이런 상황이라면, 바울이 말한 세상에 대한 인식이 이해된다. "말세에 어려운 때가 올 것입니다." 정말 어렵고 힘든 때가 왔다는 것이고, 이런 때에 성도로 살기 위해서는 정말 각오를 새롭게 해야 한다는 것이다. 그런데 우리도 어쩌면 바울이 말하는 말세의 상황과 유사한 시대를 사는 것 같다. 신자이기 때문에 대놓고 박해를 받는 것은 아니지만, 한국 사회에서 기독교에 대한 이미지가 부정적으로 변해 가고 있다. 기독교에 대한 신뢰도가 낮아지고, 자신의 배우자가 기독교 신앙만은 갖지 않았으면 좋겠다고 말하는 시대이다. 반기독교적인 문화 속에서 그리스도인으로 사는 것은 많은 손해를 감수해야 하는 일이 되었다. 신앙을 가진 젊은이들을 찾기 어려워지고 있고, 이 방향으로 계속 간다면 이 나라에서 기독교는 그 명맥을 유지하기도 어려워질 것이다. 조용하지만 점진적으로 진행되는 기독교 박해의 시대이다. 또한 성도다운 삶을 살 필요가 없다고 말하는 유혹의 시대이다. 과연 교회는 이 말세에 살아남을 수 있을까?

이런 상황에 디모데가 있었다. 그는 당시 에베소 교회의 감독이었다. 그런데 그의 사역은 그리 행복하지 않았다.

> 아무도, 그대가 젊다고 해서, 그대를 업신여기지 못하게 하십시오. 도리어 그대는, 말과 행실과 사랑과 믿음과 순결에 있어서, 믿는 이들의 본이 되십시오(딤전 4:12).

바울은 디모데를 향해 나이 때문에 업신여김을 받지 않도록 말과 행실과 기독교적인 가치를 구현하는 일에서 본이 되는 삶을 살 것을 명령한다. "나이가 많으면 그 나이가 갖는 권위가 있는데, 너는 나이가 어리기 때문에 나이로 인한 권위를 만들 수 없다. 그렇기 때문에 더욱 힘을 써서 '말씀을 따르는 삶의 본'으로 리더로서의 권위를 만들라"는 권면이다.

그런 디모데가 에베소 교회를 섬기는 중에 로마 대화재가 나서 네로가 그리스도인들을 박해하게 되었고, 바울과 베드로 같은 사람들이 잡혀 들어가는 일까지 일어났다. 시간으로는 3년밖에 지나지 않았는데, 교회가 처한 상황은 완전히 달라져 버렸다. 이 상황에 디모데는 위축되었다. 도무지 사역을 할 수 없었고, 포기하고 도망가고 싶어 했다. 바울은 감옥에서 디모데의 상황을 들었고, 그래서 디모데후서를 썼다. 바울이 디모데에게 하는 권면이다.

> 하나님께서는 우리에게 비겁함의 영을 주신 것이 아니라, 능력과 사랑과 절제의 영을 주셨습니다. 그러므로 그대는 우리 주님에 대하여 증언하는 일이나 주님을 위하여 갇힌 몸이 된 나를 부끄러워하지 말고, 하나님의 능력을 힘입어 복음을 위하여 고난을 함께 겪으십시오(딤후 1:7-8).

디모데는 이 모든 상황이 두려웠다. 주를 위해 감옥에 들어가 있는 바울에 대해서도 부끄러운 마음이 들었다. 성령의 열매인 능력과 사랑과 절제하는 마음도 잘 발휘되지 않았다. 주님과 함께 고난을 받고 싶은 마음이 없어져 버렸다. 그는 신경쇠약에 위장병까지 앓게 된다. 어리고 유했던 디모데에게 이런 박해의 상황은 도무지 감당할 수 없어 보였다.

우리는 디모데의 심정을 안다. 내가 감당할 수 없는 일을 하나님이 맡기실 때가 있다. 내가 나를 알지만, 나는 그렇게 대단한 사람이 아닐 뿐더러 그걸 감당할 능력이 없다. 그런데 하나님이 내게 그것을 맡기고 부탁하시는 것이다. 얼마간 힘을 내서 해 보려 했는데, 정말 해 보니 더욱 내가 할 수 있는 일이 아니라는 것이 확실해진다. 위축되고 두렵고 도망가고 싶어진다. 그런 마음의 상태는 몸으로 나타난다. 여기저기 온몸이 아프다. 도무지 나는 아닌 것 같다. 그래서 이제 그만 이 역할을 내려놓기로 한다. 디모데도 딱 그런 상황이었다. 과연 이런 상황 가운데 있는 디모데, 그 디모데에게 필요한 것은 무엇일까?

디모데 그 자체를 사랑하다

바울은 이러한 디모데의 상황을 들었다. 그리고 지금 디모데에게 필요한 것이 무엇인지를 생각했다. 감옥에 갇혀 있는 바울이 할 수 있는 것은 별로 없었다. 그저 바울은 감옥에 있는 자신이 할 수 있는 것을 한다. 디모데에게 편지를 쓰는 일이었다.

바울이 디모데 개인에게 쓴 편지는 힘이 있다. 이 편지에 힘이 있는 것은 이미 그와 디모데 사이에 쌓여 있는 신뢰 때문이었다. 이 편지를 쓰기 이전에도 바울은 디모데를 충분히 사랑했고 신뢰했다. 그들은 긴 시간 우정을 쌓았다. 디모데후서를 쓰기 6년 전, 바울이 빌립보 교회에 디모데를 소개하는 내용이다.

> 나에게는, 디모데와 같은 마음으로 진심으로 여러분의 형편을 염려하여 줄 사람이 아무도 없습니다. 모두 다 자기의 일에만 관심이 있고, 그리스도 예수의 일에는 관심이 없습니다. 그러나 디모데의 인품은 여러분이 잘 알고 있습니다. 그는 자식이 아버지에게 하듯이 복음을 위하여 나와 함께 봉사하였습니다(빌 2:20-22).

바울은 빌립보 교회에 디모데를 소개하며, 자신과 뜻을 같이하여 그들의 상황을 정확하게 판단할 수 있는 사람으로 소개한다. 자신과 동역하는 사람들 중에 가장 믿을 수 있는 사람이 바로 이 사람 '디모데'라는 추천이다. 바울은 디모데를 알았고 사랑했고 신뢰했다. 바울은 디모데를 도구로 여기지 않았다. 바울은 디모데 자체를 사랑했고 적극적으로 그 마음을 표현했다.

> 이제부터는 물만 마시지 말고, 위장과 잦은 병을 생각해서 포도주를 조금씩 쓰십시오(딤전 5:23).

바울이 디모데를 교회를 세우는 도구, 교회를 돌보는 일꾼 정도로 여겼다면 이런 내용을 편지에 남기지 않았을 것이다. 바울은 디모데의 약함을 알았다. 디모데는 위가 약해 소화하는 데 어려움이 있는 것, 정수되지 않은 물을 마실 때 자주 배탈이 나는 것을 알았다. 또한 젊은 목회자인 디모데가 신앙의 본을 보이기 위해, 당시 사람들이 물을 대신하여 마시던 포도주를 끊은 것도 알고 있었다. 바울은 디모데에게 포도주를 조금씩 마시라는 권면을 하고, 또 디모데가 포도주를 마시는 것을 정죄하지 말 것을 편지의 공동 수신자인 에베소 교회에 요청한다.

바울은 디모데를 사역의 도구가 아니라 인격으로 바라보았다. 단지 열매를 맺는 일꾼으로 본 것이 아니라 자신의 영적인 아들이며 사랑하고 돌봐야 할 인격으로 대우했던 것이다. 그런 인격적인 관계가 이미 형성되어 있었기 때문에 바울의 마지막 편지는 힘 있게 디모데의 삶에 영향을 끼쳤다.

오늘날 어른과 부모 세대를 가리키는 말 중에 '꼰대'라는 표현이 있다. '꼰대'라는 말은 그저 나이를 많이 먹은, 말이 많은 사람만을 의미하지 않는다. 다음 세대들도 앞 세대의 경험을 듣고 싶어 하고 도움을 받고 싶어 한다. 그래서 그들은 그런 것들을 제공해 줄 어른을 찾는다. 그들은 그런 어른을 보며 '멘토'라고 부른다. 그렇다면 '꼰대'와 '멘토'를 나누는 기준은 무엇일까? 자기 생각이 무조건 맞다고 우기며 그것을 주입하려는 사람, 상대방의 반응은 살피지 않고 자기 위주로 말하는 태도를 가진 사람, 조언을 구하지 않은 영역까지 개입하려는 사람을 꼰대라고 부른다. 그렇다면 멘토는 누구일까? 멘토의 특징은 두 가지다. 내 말을 들어 주는 사람, 그리고 내가 필요하다고 생각되는 것을 부드러운 태도로 권하는 사람이다.

바울은 디모데를 먼저 알았다. 그를 사랑했다. 먼저 디모데의 필요를 채워 주었고, 디모데의 입장에서 쉽게 할 수 없는 말을 대신 해서 그를 지켜 주고 있다. 그는 디모데의 말을 충분히 들었다. 그리고 지금 디모데에게 꼭 필요한 것을 말하고 있다. 권면의 내용은 무시무시하지만, 말하는 태도는 한없이 부드럽다. 바울은 디모데의 '멘토'였다. "라떼는……"은 그만 말하고, 다음 세대의 말을 잘 들어 주고, 무엇보다 그들을 전심으로 많이 사랑해야 한다. 그들에게 정말 필요한 것이 뭘까, 그들은 어떤 것을 듣고 싶은 걸까, 먼저 들으며 파악해야 한다. 그리고 그 내용에 인생의 연륜에서 나오는 지혜를 더해 주어야 한다. 꼰대가 아닌 멘토, 부모이며 어른인 우리가 되어 주어야 할 역할이다. 이제 디모데의 멘토였던 바울이 들려주는 명령을 살펴볼 시간이다.

바울의 명령 1_ 굳세어지라!

> 그러므로 내 아들이여, 그리스도 예수 안에 있는 은혜로 굳세어지십시오. 그대가 많은 증인을 통하여 나에게서 들은 것을 믿음직한 사람들에게 전수하십시오. 그리하면 그들이 다른 사람들을 또한 가르칠 수 있을 것입니다. 그대는 그리스도 예수의 훌륭한 군사답게 고난을 함께 달게 받으십시오(딤후 2:1-3).

첫 번째는 "굳세어지라!"는 명령이다. 디모데는 약했다. 상황도 몹시 어려웠다. 가장 쉬운 선택은 상황으로부터의 도피다. 그러나 바울의 권면은 "피하지 말라"였다. 좀 더 쉽게 표현하면, "약하냐? 그럼 강해져라!"이다.

우리에게 이 조언은 어떻게 다가오는가? 도무지 나 하나의 믿음을 지켜 낼 힘도 없는 것 같다고 여기지는 않는가? 그래서 이미 이 싸움을 포기한 건 아닌가? '나는 이길 수 없을 거야'라고 패배의 확신을 굳히고 있지는 않는가? 그렇다면 우리도 바울의 이 권면을 들어야 하는 디모데이다. 성경은 뭐라고 말하는가? 바울은 약해진 디모데를 위로하고 달래지 않는다. 아주 단호하게 명령한다. "너는 굳세어지라!"

조금 부드럽게 말해 주면 좋을 텐데 너무 단호하게 들린다.

지금 바울은 기다려 줄 수 없다. 그에게 남은 시간이 별로 없기 때문이다. 하고 있는 일을 멈추고 자신을 돌아보며 자신의 아픔을 스스로 위로할 여유로운 상황이 아니었기 때문이다. 우리가 맞닥뜨린 이 싸움의 성격이, 쉬엄쉬엄해서 이길 수 있는 싸움이 아닌 까닭이다. 부모이며 어른인 우리가 믿음의 삶이 힘들다고, 그 삶을 다음 세대에게 전하는 것이 어렵다고 멈춰 버리면, 다음 세대에게 복음이 전수될 수 없다. 신앙은 실전이다. 친선 경기가 아닌 실전이란 의미는 이 실전을 이기기 위해 내가 할 수 있는 모든 것에 집중해야 함을 말한다. 지금 우리가 해야 하는 경주, 우리가 치러야 할 싸움은 영원한 생명과 관련된 실전이다. 천하보다 귀한 영혼이 이 싸움의 승패에 연결되어 있다. 그러니 당연히 이 싸움에 임하는 우리는 굳세어져야 한다.

　우리가 사는 세상은 강력해서 우리가 하나님의 백성다운 삶을 살지 못하도록 조직적으로 방해하고 있다. 성경은 분명, 우리가 사는 말세는 어려운 때라고 말한다. 우리는 이 말세를 그리스도인으로 살아 내야 한다. 이 싸움은 피할 수 없다. 그런데 내가 약하다면 어떻게 해야 할까? 길은 하나뿐이다. '내가 강해지는 것'이다.

　그렇다면 우리는 어떻게 해야 강해질 수 있을까? 그리스도인은 자신의 기질이 가지고 있는 약함을 주장할 수 없다. '나는 원래 마음이 약하다'거나 '의지가 약하다'고 말해서는 안 된다. 나는 원래부터 소심하고 겁이 많다고 말해서도 안 된다. 과거에 혹시 그렇게 말한 적이 있다 할지라도 이제부터는 그렇게 말해서는 안 된다. 왜일까? '그리스도 예수 안에 있는 은혜'가 우리를 그러한 약함의 상태로 내버려 두지 않기 때문이다. 말씀을 읽고 기도하는 가운데 그분과 만나고, 그분과 대화하고, 그분의 음성을 듣고, 그분과 교제하고, 그분과 시간을 보내는 것을 통해 우리는 세상을 이기는 '강함'을 소유할 수 있다. 우리는 그분과 교제하기 위해 시간과 공간을 떼어 놓아야 한다. 우리의 모든 강함은 주님과의 교제, 바로 거기에서 나오기 때문이다.

바울의 명령 2_ 복음을 전수하라

> 그대가 많은 증인을 통하여 나에게서 들은 것을 믿음직한 사람들에게 전수하십시오. 그리하면 그들이 다른 사람들을 또한 가르칠 수 있을 것입니다(딤후 2:2).

두 번째는 "전수하십시오!"라는 명령이다. 좀 더 설명하면 '자신이 들었던 복음의 내용과 기독교의 진리를 다른 충성된 사람들에게 잘 가르쳐서 그들로 하여금 다른 사람들을 가르칠 수 있도록 전수하라'는 것이다. 이것은 디모데와 같은, 주의 일에 전념할 수 있는 사람들을 '재생산하라'는 뜻이다. 바울 자신이 디모데에게 했던 그 일을 이제 '다른 사람들도 할 수 있도록' 디모데가 다른 사람들에게 하라고 말하는 것이다. 그 일은 복음 전수이다.

세상은 복음에 적대적이다. 바울도 지금 사형수로 갇혀 있다. 지상에 있는 교회는 거의 무너졌고, 이제 지하로, 토굴로, 광야로 숨고 있는 상황이다. 그런 상황에서 바울은 '복음을 전파하고 말씀을 가르칠 일꾼들을 세우라'고 명령한다. 지금이 어려운 때이기는 하지만 그래도 우리는 다음 세대를 키워 내야 하고, 진리의 복음을 붙잡고 다른 이들을 변화시킬 수 있는 영적 리더 그룹을 계속해서 재생산해야 한다는 의미이다.

바울은 지금 복음을 전수해야 한다면서 복음 전수의 4대를 보고 있다. 바울, 그 바울에게 배운 디모데, 디모데에게 복음을 전수받은 충성된 사람들, 그 충성된 사람들에게 가르침을 받는 사람들. 바울은 복음 전수가 힘들다고 포기하지 않는다. 복음 전수가 어렵고, 세대 간의 간극이 크다고 해서 포기하지 않는다. 우리끼리, 우리 세대끼리 복음 안에서 행복한 것으로 만족하지 않는다. 바울은 자기 눈에 보이지 않는 이후의 세대, 다음 세대를 품고 있다.

    이 시대의 복음이 다음 세대로 전수되지 않는 상황을 보면서, 부모와 어른인 우리는 긴장해야 한다. 어떻게 하면 복음이 우리 자녀들과 다음 세대에게 전수될 수 있을지 방법을 찾아야 한다. 이 일에 시간과 관심과 재정을 쏟아부어야 한다. '중요하다'는 구호가 아니라 진짜 눈에 보이는 것들을 이 사역에 쏟아부어야 한다. 복음 전수의 대가 끊기는 것은, 부모이며 어른인 우리 세대에게는 가장 큰 비극이다. 나는 복음을 알고 그 복음을 누리며 그 복음이 만드는 복을 경험하고 영원한 천국까지 가는데, 내 사랑하는 자녀와 다음 세대에게 이 복음과 복과 생명과 천국이 전수되지 못한다면 우리 삶의 결론은 비극이다. 다음 세대에게 신앙을 전수하는 것이 주님이 우리에게 주신 사명인 까닭이다. 그 일이 부모이며 어른인 우리의 손발을 피곤하게 하고, 재정적인 손해를 보게 하며, 당장에 눈에 보이는 성과로 증명되지 않는다 해도 이 '복음 전수'는 우리가 반드시 해야 할 사명이다.

바울의 명령 3_ 고난을 받으라

그대는 그리스도 예수의 훌륭한 군사답게 고난을 함께 달게 받으십시오(딤후 2:3).

세 번째는 "고난을 받으라!"는 명령이다. 디모데가 그리스도의 '훌륭한 군사'가 되기 위해 자원하여 바울과 함께 고난을 받으라는 말이다. 이 소원은 참 이상하다. 정말 디모데를 사랑하는 아들이라고 생각한다면, 지금 자신이 당하는 고난을 그가 당하지 않기를 바라야 할 것 같은데 말이다. 원래 부모는 자신이 고난을 당해도, 그 고난을 자식에게는 물려주기 싫은 법이다. 그런데 바울의 소원은 달리 말하면 이런 것이다. "디모데야, 너도 나처럼 고난당했으면 좋겠는데……."

이것이 바울의 확신이다. 바울은 고난을 당해도 지금이 몹시 좋다. 자신이 처한 이 상황이 참 비참해 보이지만, 또 다른 관점으로는 '괜찮다'는 것이다. 아니, 더 나아가 자기가 감옥에 갇혀, 사형장을 바라보고, 죽어 가는 성도들을 바라보며 춥고 누추한 곳에서 외롭게 있는 이것이 '괜찮은 것'을 넘어 '좋은 것'이라고 말하는 것이다. 이런 죽음이 침대에서 평안하게 죽는 것보다 권장할 만하다는 것이다. 왜일까? 이 고난이 이유

있는 고난이기 때문이다. '주를 위한 것'이라는 말이다.

이것은 나를 위한 고난도, 나의 죄나 실수에 따른 고난도 아니다. 주님을 위해, 주님 때문에 당하는 고난이다. 바울은 이런 고난에는 반드시 상이 있음을 알고 있다. 주님이 약속하신 그 상이 이 땅 어디에서도 받을 수 없는 엄청난 상이라고 한다. 그 상은 무엇일까?

> 이제는 나를 위하여 '의의 면류관'이 마련되어 있으므로, 의로운 재판장이신 주님께서 그날에 그것을 나에게 주실 것이며, 나에게만이 아니라 주님께서 나타나시기를 사모하는 모든 사람에게도 주실 것입니다(딤후 4:8).

바울이 기대하는 것은 '의의 면류관'이다. 주님으로 말미암아 당하는 고난은 잠시지만 그 고난을 통해 주어지는 것은 영원하고 엄청나서 바울은 지금 자신이 당하는 고난을 꽤 괜찮은 투자로 생각하고 있다. 이렇게 주님을 위해 어려움을 겪는 것은 수지맞는 장사여서 "사랑하는 아들아, 내가 이것을 예약해 놓을 테니 너도 꼭 이 자리에 오너라" 하며 디모데를 초청하는 것이다.

바울은 넘어진 디모데를 일으켜 세우려 한다. 자신의 마지막 시간을 이 디모데를 일으켜 세우는 데 쓰고 있다. 그는 자신의 경주가 이어달리기(계주)임을 알았다. 그는 디모데를 일으켜 자신의 배턴을 전달하기 전에 이 경기를 마칠 수 없음을 알았다. 그는 복음 때문에 고난을 받았다. 그러나 그 고난과 비교할 수 없는 상이 자신을 기다리고 있음을 알았다. 그래서 기쁜 마음으로 사랑하는 영적인 아들 디모데를 이 고난의 자리, 그러나 궁극적으로는 영광스러운 자리로 초청한다. 자신의 경주를 디모데가 이어 달려 주기를 바란 것이다.

감옥에 갇혀 사형을 기다리던 바울에게는 할 수 있는 것이 별로 없었다. 그러나 바울은 디모데 돕기를 포기하지 않았다. 그는 꼰대가 아니라 멘토가 되고 싶었다. 마지막 순간까지 그가 할 수 있는 일을 했다. 디모데에게 편지를 써서 그를 좌절과 낙심의 자리에서 일으켜 세우려 했다. 그가 알고 있는 모든 것을 들려주고, 그가 소원하는 모든 것을 보여 주려 했다. 자신이 디모데를 얼마나 사랑하는지, 또 얼마나 기대하는지 말하고 싶었다. 편지는 디모데에게 전달되었고, 디모데는 편지를 통해 힘을 얻었다. 다시 일어나 자신에게 주어진 믿음의 길을 달렸다.

그렇다. '말세에 어려운 때'가 와 버렸다. 성도가 그 믿음 때문에 어려움을 겪을 수밖에 없는 시대가 되었다. 그러니 우리도 신앙으로 말미암아 손해 보는 것을 각오해야 한다. 그리고 이런 상황에서도 우리는 우리가 알고 있는 복음을 자녀들과 다음 세대에게 전수해야 한다. 이 일을 가능하게 하는 강함을 주님의 은혜 아래서 구해야 한다. 그리스도로 말미암은 고난을 함께 받자고 초청해야 한다. **이 시대 부모이자, 어른인 우리는** 하나님 앞에서 우리가 하는 믿음의 이어달리기가 계속되도록 최선을 다해야 한다. 우리와 다음 세대가 이 경주를 이어가면 우리 주님이 보시고 기뻐하실 것이다.

나눔 질문

1. 마음을 여는 질문

나는 지금까지 누구에게 신앙의 영향을 가장 많이 받았는가? 나는 누군가의 멘토가 되어 본 적이 있는가?

2. 본문 이해를 돕는 질문

1) 바울이 디모데에게 "굳세어지라!"고 한 이유는 무엇인가? (딤후 2:1)

2) 디모데후서와 디모데전서의 분위기가 달라진 이유와 바울이 디모데에게 "복음을 전수하라"고 명령한 이유는 무엇인가? (딤후 2:2)

3) 바울은 왜 디모데에게 "고난을 받으라"고 권면했는가? 그리스도인으로 사는 것과 고난을 받는 것은 어떤 관련이 있는가? (딤후 2:3)

4) 바울이 디모데를 단순한 '사역의 도구'가 아니라 '사랑하는 아들'로 여겼다는 증거는 무엇인가? (빌 2:20-22, 딤전 5:23)

3. 삶에 적용하는 질문

점점 더 신앙으로 살기 어려운 때를 살아야 하는 다음 세대(자녀, 후배, 청년)에게 나는 어떤 신앙의 멘토가 될 수 있겠는가? 다음 세대가 신앙을 잘 이어 갈 수 있도록 구체적으로 어떻게 도울 수 있을까?

●신명기 32장 45-47절

12장 낙엽 같은 어른이 되어라
'모세'가 '다음 세대'에게

　겨울이 다가오면 활엽수의 나뭇잎이 떨어지기 시작한다. 그렇게 떨어지는 나뭇잎을 낙엽이라고 부른다. 낙엽은 대부분 쓰레기 취급을 받지만, 나무의 생존에 절대적으로 필요하다. 활엽수는 잎에 수분을 많이 저장하고 있는데, 그런 상태로 날씨가 추워지면 잎이 얼고 결국 나무 전체가 얼어 죽는다. 한 해를 나무와 함께했던 나뭇잎은, 자신이 이 나무에 붙어 있으면 나무가 겨울을 날 수 없음을 안다. 그래서 겨울이 오기 전, 스스로 물과 영양분의 공급을 끊는다. 색이 바래지고, 마르고, 결국 줄기에서 떨어진다. 자신이 죽음으로 나무의 생명을 보존한다. 그 결과, 나무는 추운 겨울을 견디고 봄을 맞이한다.

떠나야 할 때를 알고 떠나는 모든 것은 아름답다. 낙엽이 그런 과정을 지나 나무로부터 떠난다는 것을 알고 난 후부터 나는 땅에 떨어져 있는 낙엽이 이전과 다르게 보이기 시작했다. 미래를 살리고 미래가 풍성해지도록 현재 내가 누릴 수 있는 것을 내어 주는 것. 이것을 낙엽에게서 배웠다. 부모이자 어른인 우리도 다음 세대를 위해 같은 마음을 품을 수 있어야 한다. 그들의 현재와 미래를 위해 지금 내가 쥐고 있는 것들을 기꺼이 나눌 수 있기를 소망한다.

이번 장의 본문을 묵상하기 전, 문맥에 해당하는 '신명기'의 배경을 알아야 한다. 신명기는 다시 율법을 전하는 책이다. 출애굽 한 이스라엘 백성이 시내산에서 율법을 받았다. 그러나 그 세대는 불순종으로 광야에서 다 죽었다. 40년이 지나 출애굽 2세대가 가나안 땅에 들어가려고 모압 평지에 모였다. 모세는 그 출애굽 2세대가 가나안 땅에 들어가기 전, 출애굽 1세대가 받았던 율법을 다시 들려주기 원했다. 가나안 땅에 들어가서도 절대로 하나님의 백성으로서의 정체성을 잃어버리면 안 되는데, 그것이 율법을 알고 지키는 것에서 나온다고 믿었기 때문이다.

본문의 시간적 배경은 모세가 하나님이 주신 율법을 다 전한 후이다. 그는 율법을 잘 간직하고, 그 율법을 자녀들에게 전수하라고 당부했다. 그리고 이어서 하나님은 율법을 다시 전하기를 마친 모세에게, "약속의 땅, 가나안이 보이는 느보산에 올라가 거기서 홀로 죽으라!"고 명령하신다.

하나님은 모세가 가나안 땅에 들어가지 못하는 이유도 말씀하신다. 얼마 전 가데스 므리바 지역에서 물이 없다고 원망하는 백성 앞에서 '반석에게 명령하여 물이 나오게 하라'는 하나님의 명령에 더하여 모세는 반석을 두 번 치는 행위를 했다. 하나님의 거룩함과 영광을 드러내야 하는데, 그렇게 하지 않음으로 모세는 죄를 짓게 된다. 그러나 우리는 이렇게까지 하시는 하나님이 이해되지 않는다. '이렇게까지 깐깐하게 모세의 죄를 밝히시며 벌하셔야 할까?'라는 서운함마저 든다.

이번 장에서는 모세의 마지막 말과 하나님의 말씀을 통해, 부모이며 어른인 우리가 마지막 순간까지 품어야 하는 교훈을 찾아보려 한다. 먼저 모세가 이스라엘을 향해 한 명령과 하나님이 모세에게 하신 명령을 하나씩 살펴보자.

첫째, 율법을 기억하고 자녀에게 전수하라

그들에게 말하였다. 오늘 내가 당신들에게 증언한 모든 말을,

> 당신들은 마음에 간직해 두고, 자녀에게 가르쳐, 이 율법의 모든 말씀을 지키게 하십시오(신 32:46).

모세는 마지막으로 "이제까지 내가 전했던 율법, 너희에게 증언한 모든 말을 너희 마음에 두고 자녀들에게 명령하여 지켜 행하게 하라"고 명령한다. 이제까지 온 힘을 다해 가르쳤지만, 이 율법이 백성의 마음 가운데 새겨지기를, 지금 이 백성뿐 아니라 이 백성의 자녀와 그 자녀들에게 대대로 이어질 수 있기를 원했다. 그래야 하나님이 주신 축복의 땅에서 그 복을 영원토록 누릴 수 있기 때문이다. 하나님의 백성이 진정으로 행복하기를 원한다면 반드시 '하나님의 말씀에 묶여 있어야 한다'는 것, 바로 그것이 모세가 끝까지 율법을 마음에 두라고, 자녀들에게 이 율법을 지켜 행하며 살도록 가르쳐야 한다고 했던 이유이다.

모세는 할 수 있는 것을 다 했다. 이제 남은 건 백성의 몫이었다. 백성이 스스로 율법을 품고 살아야 하고, 다음 세대에게 율법을 전수해야 한다. 그것이 가나안 땅에서 하나님의 백성으로 복을 누릴 수 있는 비결이기 때문이다.

우리도 말씀을 들어야 한다. 내가 먼저 말씀을 내 영혼에 새겨야 한다. 말씀을 읽고 배워야 한다. 말씀을 기억하고 생각해야 한다. 말씀이 내 속에 뿌리내리게 해야 한다. 내가 말씀을 사랑하지 않으면서, 누군가에게 말씀을 사랑하라고 할 수 없기 때문이다. 내가 말씀을 품고 살면서 '하나님의 복을 누린다'면 당연하게 일어나는 일이 말씀의 전수다. 나에게 복을 가져다 준 이 말씀을 내 사랑하는 자녀들, 다음 세대들에게 전할 수밖에 없는 것이다. 말로만이 아니다. 내 삶 전체로 하나님 말씀의 신실함을 경험했기에, 내 삶 전체로 이 말씀을 다음 세대에게 전하며 말씀대로 살라고 말하게 되는 것이다. 우리 세대를 넘어 다음 세대까지, 사랑하는 우리 자녀들에게까지 이 하나님 말씀이 전수되기를, 그 전수된 말씀으로 우리 자녀들도 우리가 누린 하나님의 복을 누릴 수 있기를 바라야 한다.

둘째, 너는 느보산에서 홀로 죽으라

> 너는 여리고 맞은쪽 모압 땅에 있는 아바림 산줄기를 타고 느보산 꼭대기에 올라가서, 내가 이스라엘 자손에게 소유로 준 가나안 땅을 바라보아라. 너의 형 아론이 호르산에서 죽어 백성에게로 돌아간 것같이, 너도, 네가 오른 이 산에서 죽어서 조상에게로 돌아갈 것이다(신 32:49-50).

이것이 모세가 율법을 다 전하고, '그 율법을 너희의 마음에 새기고 후손들에게 잘 전수하라' 말한 '그날', 하나님이 모세에게 하신 말씀이다. 핵심은 "느보산에 홀로 올라가 그 산에서 죽으라"는 것이다. 하나님이 모세에게 주신 사명은 이스라엘 백성을 약속의 땅 가나안으로 데려가는 것이었다. 이제 이스라엘은 요단강 앞에 있고, 강을 건너면 가나안 땅이었다. 하나님은 새로운 리더 여호수아를 통해 출애굽 2세대 이스라엘을 이끄실 계획을 가지고 계셨다. 모압 평지에서 율법을 다시 전하는 것을 마쳤을 때, 모세의 사명은 끝났다. 하나님은 모세가 사명을 마치자, 그를 곧바로 불러들이신다.

성도가 이 땅을 사는 목적은 '하나님이 내게 맡기신 사명을 완수하기 위함'이다. 그 사명을 완수했다면 성도는 더 이상 이 땅에 미련을 가질 필요가 없다. 하나님이 내게 정하신 것이 있고, 나는 그 정한 것을 이 땅에서 하면 될 뿐이다. 하나님이 "이제 다 되었다" 하시면, 미련 없이 "예, 알겠습니다"라고 말할 수 있어야 한다. 하나님이 성도를 위해 준비하신 완전한 하나님의 통치가 있는 나라, 본향이 있기 때문이다. 성도에게는 이 세상의 집이나 고향이 아닌 진짜 집과 고향이 있다.

인간적으로 보면 모세는 참 불쌍한 사람이다. 그렇게나 고생을 했는데 가나안 땅에 들어가지 못했으니까. 그러나 모세는 하나님을 원망하지 않는다. 서운하다고 하지도 않는다. 물론 아쉬운 마음이 들었을 수는 있다. 솔직하게 한마디 하고 싶었을 수도 있다. 하지만 모세는 하나님이 이렇게 말씀하시는 이유를 정확하게 알고 있었다. 하나님이 자신을 위해 준비하신 곳, 가나안과 비교할 수 없는 곳이 있음을 알았던 것이다. 그곳은 어디인가?

> 그때에 나는 보좌에서 큰 음성이 울려 나오는 것을 들었습니다. "보아라, 하나님의 집이 사람들 가운데 있다. 하나님이 그들과 함께 계실 것이요, 그들은 하나님의 백성이 될 것이다. 하나님이 친히 그들과 함께 계시고, 그들의 눈에서 모든 눈물을 닦아 주실 것이니, 다시는 죽음이 없고, 슬픔도 울부짖음도 고통도 없을 것이다. 이전 것들이 다 사라져 버렸기 때문이다"(계 21:3-4).

우리 성도에게는 눈에 보이는 '젖과 꿀이 흐르는 땅'과 '비교할 수 없는 땅'이 있다. 하나님이 당신께 순종했던 모세를 위해 준비하신 완전한 땅이 우리에게도 있다. 그곳은 우리가 무엇을 상상하든 그 이상이다. 이 땅 어디에서도 우리는 하나님을 완전하게 누릴 수 없다. 그런데 그 땅에서는 하나님을 완전하게 누릴 수 있는 곳이다. 눈물도 없고 사망도 없고 애통하는 것이나 곡하는 것도, 아픈 것도 다시는 없는 곳이다. 더 이상 행복할 수 없을 정도로 행복한 곳. 그곳을 하나님이 우리를 위해 준비하셨다. 우리는 이 땅에서 보이는 복을 별로 누리지 못했을 때, 서운할 수 있다. 그러나 우리의 진짜 고향이 하늘에 있음을 알기에, 모세처럼 주께서 우리를 부르시는 날을 소망하며 믿음으로 이 땅을 하루하루 살아 내야 한다.

가나안 땅에 들어가지 못하는 이유는 무엇일까?

> 이는, 네가 신광야에 있는 가데스의 므리바 샘에서 물이 터질 때에, 이스라엘 자손이 보는 데서 믿음 없는 행동을 하고, 이스라엘 자손에게 나의 거룩함을 나타내지 않았기 때문이다(신 32:51).

이 기사의 마지막에는, 모세가 가나안 땅으로 들어가지 못하고 느보산에서 홀로 죽는 이유가 나와 있다. 민수기 20장의 사건이다. 모세와 아론이 이스라엘 백성을 데리고 신광야를 지날 때, 물이 없어 목이 말랐던 이스라엘 백성이 모세와 아론을 원망했고, 그들은 하나님에게 기도한 후에 모세가 지팡이로 반석을 쳐 물을 내서 이스라엘 온 백성과 짐승들을 마시게 했다.

> 모세는, 주님께서 그에게 명하신 대로, 주님 앞에서 지팡이를 잡았다. 모세와 아론은 총회를 바위 앞에 불러모았다. 모세가 그들에게 말하였다. "반역자들은 들으시오. 우리가 이 바위에서, 당신들이 마실 물을 나오게 하리오?" 모세는 팔을 높이 들고, 그의 지팡이로 바위를 두 번 쳤다. 그랬더니 많은 물이 솟아나왔고, 회중과 그들의 가축 떼가 마셨다(민 20:9-11).

기적이 일어났다. 지팡이로 반석을 두 번 쳤더니 그 반석이 깨지고 물이 터져 나왔다. 보통은 이 장면이 어떠했을지를 생각하지 않고 지나간다. 기껏 바위틈으로 흘러내리는 물줄기를 떠올릴 것이다. 그런데 그 정도의 물이 아니다. 200만 명의 사람과 그 사람 수보다 많은 짐승이 마실 수 있는 물이었다. 거대한 바위산이 깨지고 그 깨진 바위에서 물이 폭포가 되어 쏟아져 그곳이 한순간에 호수가 되는 기적이 일어난 것이다. 이 기적 후에 하나님이 말씀하셨다.

> 주님께서 모세와 아론에게 말씀하셨다. "너희는 이스라엘 자손이 보는 앞에서 나의 거룩함을 나타낼 만큼 나를 신뢰하지 않았다. 그러므로 너희는, 내가 이 총회에게 주기로 한 그 땅으로 그들을 데리고 가지 못할 것이다"(민 20:12).

하나님이 모세를 책망하셨다. 모세는 엄청난 기적을 일으킨 후에 이 기적은 하나님이 행하신 일이라고 가르쳤어야 했다. 그는 그렇게 하지 않았다. 사람들이 기적으로 놀라워할 때, 마땅히 하나님에게 올려 드려야 할 영광을 올려 드리지 않은 것이다. 기적에 놀라는 사람들의 시선 앞에서 마치 자신이 기적을 만든 것인 양 지팡이를 들고 서 있었는지도 모른다. 그 결과 하나님은 모세에게 "너는 이 죄로 인해 가나안 땅에 들어가지 못할 것이다"라고 책망하셨다. 그리고 신명기 34장에서 그때 하나님이 예고하신 대로 모세는 가나안 땅에 들어가지 못한 채, 느보산에서 죽게 된다.

죽음으로 교훈을 다시 전하다

이즈음 질문하고 싶은 것이 있다. 모세가 죽는 마당에, 하나님은 굳이 왜 모세가 홀로 죽어야 하는지를 공개적으로 말씀하셨을까? 모세가 지난 40여 년 동안 이스라엘 백성을 인도하기 위해 얼마나 수고하며 애썼는지 아실 텐데. 이스라엘 백성이 범죄했을 때 모세가 자기 생명으로 하나님의 진노를 막았던 적이 몇 번이나 있었는지 아실 텐데 말이다. 하나님은 왜 이러실까? 끊임없이 불평과 원망을 쏟아 놓았던 이스라엘 백성을 이끌어 이 광야에서 40년이나 인도했던 모세에게 하나님은 왜 이러실까? 그토록 충성되게 하나님에게 평생을 드렸는데 그렇게까지 한 모세가 그 한 번의 실수 때문에 가나안 땅에 들어가지 못하다니. 그게 말이 된다고 생각하는가?

충성된 종의 마지막 가는 길인데, 하나님이 모세 체면을 좀 세워 주시면 안 될까? 하나님이 친히 모세의 수고를 백성 앞에서 인정해 주시며 칭찬해 주시면 안 될까? 그의 죽음을 천사나 불병거를 보내 화려하게 장식해 주시면 안 될까? 그런 신비로운 방법이 아니라면 가장 일반적인 방법으로 당시 한 나라의 왕이나 용사를 위해 진행했던 성대한 장례식 정도는 치를 수 있도록 해 주실 수 없었을까? 왜 하나님은 마지막 사명의 시간을 마무리하는 모세를 매정하게 대하시느냐는 말이다. 나에게는 하나님이 드러내시지 않은 의도까지 파악할 능력은 없다. 그러나 한 가지 이상한 점은 모세에게 있다. 그는 기록할 이유가 없어 보이는 자신이 가나안 땅에 들어갈 수 없는 이유를 굳이 기록으로 남기고 있다.

신명기를 기록한 사람은 모세이다. 하나님이 그렇게 자신에게 말씀하셨다 해도 자기가 그것을 기록하지 않으면 된다. 굳이 자신의 허물까지 기록할 필요는 없고, 자신의 허물을 기록하지 않아도 이미 남겨야 할 내용은 다 남겼기 때문이다. 그런데 모세는 자신이 가나안 땅에 들어가지 못하는 이유, 홀로 느보산에서 죽는 이유, 자신의 무덤조차 남길 수 없는 이유를 굳이 기록으로 남겼다. 그는 자기 얼굴에 침을 뱉고 있다. 스스로 자신의 수치스러운 내용을 기록으로 남겼다. 왜 그랬을까?

모세는 자신이 가나안 땅에 들어가지 못하는 이유가 그때 한 번 '하나님의 영광을 가렸던 행동' 때문이라고 밝힌다. 왜 이 내용을 기록했을까? 그가 사랑하는 이스라엘 백성을 위해서이다. 그는 긴 설교를 했다. 몇 번이고 율법을 지켜야 한다고 말했다. 자손들에게도 꼭 전수해야 한다고 말했다. 그리고 그는 마지막에 또 다른 방식으로 "너희는 반드시 율법을 지켜야 한다"고 강조한다. 율법을 지키지 않으면 어떻게 되는지를 자신의 불명예스러운 마지막 장면을 통해 경고한 것이다.

모세는 "하나님이 이토록 준엄하게 내가 율법을 지키지 않은 것에 벌을 내리신다면, 너희에게는 어떻게 하시겠느냐?"

라고 묻는 것이다. 모세는 자신이 쓸쓸하게 홀로 느보산에 남아 가나안 땅을 바라보며 죽는 그 죽음마저, 이스라엘 백성으로 하여금 '율법을 꼭 지키겠다'고 결심하게 만드는 경고로 사용했다. 이스라엘 백성이 가나안 땅에 들어가 율법을 지키는 데 도움이 될 수만 있다면, 자신의 가장 큰 허물이 드러나는 것도 괜찮다는 말이다. "사랑하는 내 백성 이스라엘아! 나의 실패를 반면교사 삼아, 너희는 절대로 하나님의 말씀을 어기지 말고 끝까지 지켜 내야 한다! 절대 가나안 거민들과 똑같아져서는 안 된다. 제발 이 율법을 지켜라!" 그는 인생의 마지막 장면을 보이며 이렇게 외쳤던 것이다.

모세는 자신의 죽음마저도 하나님의 백성 이스라엘을 위한 가르침의 도구로 삼았다. 그의 사명이 끝났지만, 그럼에도 그는 마지막 생명으로 사명을 강조했고, 죽음까지 사용해서 그 사명을 외쳤다. 이스라엘을 위해 자신의 모든 것을 쏟았던 모세의 사랑 같은 사랑이 우리에게도 있다. 바로 주님의 사랑이다. 주님도 자신의 전부를 쏟아 우리를 사랑하셨다. 주님이 우리에게 가르쳐 주신 사랑의 방법이다.

> 내가 진정으로 진정으로 너희에게 말한다. 밀알 하나가 땅에 떨어져서 죽지 않으면 한 알 그대로 있고, 죽으면 열매를 많이

맺는다(요 12:24).

  생명은 생명을 먹고 자란다. 한 알의 밀이 떨어져 죽지 않은 자리에서는 새로운 싹이 나올 수 없다. 예수님은 우리를 위해 떨어져 죽은 밀알이 되어 주셨다. 그 주님의 희생으로 우리는 지금 그 주님을 알고 사랑하며 그 뜻대로 살아갈 수 있게 되었다. 이제 우리에게도 주어진 사명이 있다. 우리에게 주어진 생명이 우리의 다음 세대에게 이어지도록 우리의 생명을 나누어 주는 것이다. 모세가 하나님의 백성 이스라엘에게 자신을 쏟아부었던 것처럼, 예수님이 우리를 위해 자신을 온전히 허비하신 것처럼, 우리도 다음 세대에게 우리의 신앙을 전수하기 위해 우리를 허비해야 한다.

  낙엽은 아무짝에도 쓸모없는 쓰레기 같지만, 그 낙엽이 자원하여 떨어짐으로 나무는 겨울을 난다. 그뿐이 아니다. 그 낙엽은 흙을 덮어 추위로부터 나무의 뿌리를 보호한다. 그 낙엽은 썩어 거름이 되어 나무에 영양을 공급한다. 그렇게 떨어지고 죽고 썩는 낙엽으로 말미암아, 겨울을 지낸 나무의 줄기에 새로운 잎이 나온다. 이어지고 이어지는 슬프지만 아름다운 사랑 이야기이다.

우리의 다음 세대에게 오늘 필요한 것은, 다음 세대를 위해 자신의 생명을 내어 주기 원하는 낙엽과 같은 어른들이다. **이 책을 읽는 모든 부모와 어른들이** 그렇게 다음 세대를 사랑하고 그들을 위해 자신을 내어 놓는 삶을 선택하기를 소망한다.

나눔 질문

1. 마음을 여는 질문

내 삶에서 '다음 세대를 위해 희생했던 순간'이 있는가? 나는 신앙을 다음 세대에게 전수하기 위해 어떤 노력을 하고 있는가?

2. 본문 이해를 돕는 질문

1) 모세가 마지막까지 이스라엘 백성에게 당부한 말은 무엇인가? 왜 그토록 반복적으로 그는 같은 것을 말했을까? (신 32:46)

2) 하나님이 모세에게 느보산에서 홀로 죽으라고 하신 이유는 무엇인가? (신 32:49-50)

3) 굳이 밝히지 않아도 되는 '자신이 가나안 땅에 들어가지 못하는 이유'를 기록으로 남김으로 모세가 전하고 싶었던 이스라엘을 향한 교훈은 무엇인가? (신 32:51)

3. 삶에 적용하는 질문

나는 '낙엽이 되는 어른'이 되기 위해 어떤 결단을 할 수 있을까? 이미 받은 사랑 때문에, 다음 세대를 위해 내가 지금 내려놓아야 할 것은 구체적으로 무엇인가?

나오며

　이야기를 마무리하며 저자로서 한 가지 고백해야 할 것이 있습니다. 원래는 서문에 써야 했던 내용인데 이제야 말씀드릴 용기가 났습니다. 이 책을 읽는 분 가운데, 저자인 제가 어떻게 제 자녀들에게 신앙을 전수했는지 묻는다면 어떻게 대답해야 할까에 대한 부분입니다. 이런 주제의 책에는 대부분 저자 자신의 성공 스토리가 있습니다. 사실 그런 스토리가 있어야 이런 책을 당당하게 쓸 수 있지요. 저 역시 그런 신앙 전수의 성공 스토리를 쓰고 싶었습니다. 하지만 지금 청년의 시기를 보내는 제 두 아이는 신앙에 있어 긴 사춘기를 보내고 있습니다.

　'자격 없는 이'가 쓴 책이라고요? 맞습니다. 정말 그렇습니다. 이 주제와 관련하여 성경을 읽고 연구하며 묵상하고, 이 주제를 설교하고 책으로 묶는 과정을 지나며 그런 생각이 더 많이 들었습니다. 뭔가 열심히 꽤나 최선을 다해 살았지만 가장 중요한 부분을 놓쳤던 것 같습니다. 어쩌면 그래서 이 주제를 택했나 봅니다. 혹시 이 시기를 보내는 이들에게 저와 다른 선택도 가능하다고 말씀드리고 싶어서입니다. 내게 주어진 기회의 시간에 이 신앙 전수에 더 힘과 마음을 기울여 달라는 의미입니다.

미국의 야구 선수 요기 베라는 "끝날 때까지 끝난 게 아니다"는 말을 남겼습니다. 아직 우리의 경기는 끝나지 않았습니다. 자녀들을 위한 신앙 전수도, 다음 세대를 위한 신앙 전수도 말입니다. 그러니 다시 힘을 냈으면 좋겠습니다. 다시 방법을 찾았으면 합니다. 절대 포기할 수 없고, 포기해서는 안 되는 일이기 때문입니다. 신앙을 가진 부모이며 어른인 우리가 하는 작은 수고들이 모여, 하나님의 기적이 우리 자녀와 다음 세대의 중심에 일어나기를 소망합니다.

헤리티지
돈이 아닌 신앙을 물려주라!

초판 발행	2025년 3월 20일
초판 2쇄	2025년 5월 8일
지은이	조영민
발행인	손창남
발행처	(주)죠이북스(등록 2022. 12. 27. 제2022-000070호)
주소	02576 서울시 동대문구 왕산로19바길 33, 1층
전화	(02) 925-0451 (대표 전화)
	(02) 929-3655 (영업팀)
팩스	(02) 923-3016
인쇄소	(주)진흥문화
판권소유	ⓒ(주)죠이북스
ISBN	979-11-93507-49-0 03230

책값은 뒤표지에 있습니다.
잘못된 도서는 교환하여 드립니다.
이 책 내용을 허락 없이 옮겨 사용할 수 없습니다.